張騫
シルクロードの開拓者

田川純三

講談社学術文庫

目次

張騫　シルクロードの開拓者

プロローグ　天の河へ行った男——語りつがれる張騫

中国古代の出来事についての伝聞や異境物語を集録したものに、『博物志』という書物がある。三世紀、晋の張華《ちょうか》が撰したものに、後人がさらに増補したものだが、そのなかにつぎのような話が収められている。

——昔、ある男が時の皇帝から、
「天の河の源を探って来い」
という命をうけた。男はたくさんの食糧を用意し、まず海辺に行った。天空に白く輝いてかかる天の河は、人間世界の海とつながっており、海辺にうちよせる流木は天の河の住民が人間世界にやってくるために乗ってきた舟だと考えられていたからである。

果せるかな男は海辺で流木をみつけた。さっそく飛び乗ると、流木は男を乗せたまま昼となく夜となく漂い流れて行った。そうしてどれほど月日がたったか、やがて昼と夜の区分もさだかでなくなり、気も茫《ぼう》となるころ、ある所に漂い着いた。気がついてみると、目の前に大きな館が建っており、その中で大勢の女たちが機《はた》を織っている。男がかすむ目をこすりな

がら、

「ここはどこだろう」

と思っていると、一人の若者がいかにも逞しい牛を牽《ひ》いて流れ下って来て、水辺で牛に水を飲ませはじめた。男がたずねると、若者はじろりと見て、

「驚いたね、お前はどうしてこんなところへ来たのかね」

と言う。男がさらに「ここはどこか」とたずねると、若者は直接それには答えずに、

「蜀《しょく》の厳君平《げんくんぺい》に聞いてみな」

と答えた。

やむを得ず男は再び流木に乗ると、やがて人間世界に漂いもどった。さっそく、蜀に行って厳君平に会い、ことの次第を話すと、

「君が不思議なことに出会ったというちょうどその日に、わしは星が牽牛《けんぎゅう》を犯したという天象を見た。だから君は天の河に行ってきたのだ」

と答えた——

『博物志』で、天の河に行ったこの男こそ、本書の主人公たる張騫《ちょうけん》(?～前一一四)であり、時の皇帝は漢の武帝(在位、前一四一～前八七)である。

右の説話からも、中国には古来、天の河をめぐって牽牛織女の話が伝えられていたことが

知れて面白いが、それはともかく話そのものは荒唐無稽なものである。張騫がたずねたという蜀（四川）の厳君平は成都で卜筮《ぼくぜい》をして銭を得ては門を閉ざして老子を学び、『老子指帰』など十万言余りもの道教にかんする書を著わした人物として中国では聞えている。だが、その生きた時代は武帝より後の成帝（在位、前三三～前七）の時であり、張騫が面会することじたい、ありえないことである。

だが、そうしたありえないことをも張騫の事績とすることのなかに、後世の人びとの張騫にたいする畏敬の念があらわれていると思う。

張騫による西域、今日いうところのシルクロード開拓はまさに世界史的な大事業であった。建元《けんげん》二年（前一三九）、即位三年目の十八歳の武帝の命をうけて張騫は都長安を発ち、なお一寸先が闇のような西域に向った。何が起きてもふしぎではない「広袤《こうぼう》千里」の茫漠たる流砂の道をわたって、旅は十三年にも及んだ。それは「気も茫《ぼう》となって漂う」ような暗中模索の旅であったにちがいなく、後世の人が中国古来の天の河伝説と結びつけて語りついだのも、むべなるかなと思うのである。

張騫によってもたらされた情報によって、武帝をはじめとする当時の中国人の外的世界にたいする知識は一挙に広がった。その内容の詳細は以後に書き進めるとして、報告の一つに「崑崙《こんろん》黄河河源説」というのがあった。むろん今日からみれば荒誕《こうたん》の説だが、中国文化を育み、しかし一方ではしばしば洪水をおこして災厄をもたらす大河の源を窮め、洪水をおこす河神の忿《いか》りを鎮めたいというのが、武帝終生のねがいであった。だが、河神は偉大であり、未知の遠い世界にあり、したがって大河の源も僻遠の地にあるものと思われ、その思いが「崑崙河源説」を信じさせたのだ。つまり、黄河は天の河のような遠い大きな存在であると意識され、それが『博物志』の「天の河の源を探れ」という説話に映しだされたにちがいない。また、張騫の報告のなかには、蜀から身毒《しんどく》（インド）に至り、そこからさらに西域に通じる道にかんする情報があり、それが蜀の厳君平に会う話に仮託されたのかも知れない。

張騫が流木の槎《いかだ》に乗って天の河に行ったという話は、後世広く伝えられた。張騫からおよそ千年のちの唐の詩人杜甫に五言律詩「有感五首」がある。その第一首で杜甫は、唐王朝の屋台骨をゆるがせた安禄山《あんろくざん》の乱によって西域に通じる辺境の守りが崩れ、道が閉ざされたことを嘆いたあと、つぎのように結んでいる。

乗槎断消息　槎《いかだ》に乗りて消息を断つ
無処覓張騫　張騫を覓《もと》むるに処無し

——あの流木の槎に乗って天の河にも比すべき未踏の僻遠に行ったという張騫も、今は消息を断ち、さがし求めるにもその処がわからない——というのである。ここには、張騫のような進取の気性に満ちた人物がいれば、今日のように辺境の道が異民族（唐においては吐蕃《チベット》）によって閉ざされ、わが唐王朝にかげりが生ずるようなことはなかったという、杜甫の嘆きと英雄待望論がこめられている。

「鑿空《さっくう》」という語がある。

　張騫の西域行の経緯とその成果、影響についてはじめて記録したのは司馬遷《しばせん》の『史記』であるが、その大宛《だいえん》列伝のなかで張騫の事業を司馬遷が評した語である。

　この語について、歴代さまざまな解釈が行われてきた。

『史記』の注釈本で現存する最古のものは、五世紀の南朝宋の裴駰《はいいん》の撰になる『史記集解』であるが、そのなかに引かれている三世紀、三国時代の蘇林《そりん》の注は、つぎのように解している。

「〝鑿〟は開く、〝空〟は通なり。（張）騫、西域の道を開通す」

　下って唐代の注釈書である『史記索隠《さくいん》』で、撰者司馬貞《しばてい》は、

「西域と謂《い》えるは険阨にして、車（行）するに道無し。今、鑿空とは之を通ぜしなり」

とし、より懇切な解を試みている。

　現代ではどうか。近代中国の歴史学界の大御所である范文瀾《はんぶんらん》は、その著『中国通史簡編』第二編で、鑿空をずばり「探険」と解しており、これが今の中国で大勢となっている。

　右のような歴代の解釈は、むろんどれ一つとっても誤りはない。そのうえに立って、今は文字通り〝空を鑿《うが》つ〟——無の世界を切り開いた、と解したいと思う。そう解してこそ張騫

の大いなる事業のイメージにふさわしく、過不足ないものになると思われる。そのイメージこそ「天の河に行った男」という『博物志』の説話に通じる。

張騫の事業が中国において、いかに大きな歴史の記憶として伝えられているかを知ることのできる一つの具体的証左がある。

現存する世界最大の仏教美術の宝庫敦煌莫高窟《とんこうばっこうくつ》三百二十三窟の北壁に描かれた「張騫出使西域図」である。壁画では、下辺中央に、馬上から下命して見送る武帝とその前で跪いて拝命している張騫が描かれている。それぞれに従者がいる。そこから上方に向って張騫の道中が、いわば双六《すごろく》式に展開し、最上辺では一行が西域の国の城で歓待されている。残念ながら武帝、張騫とも横顔の輪郭だけで細部の表情は定かではないけれども、ともに大きな鼻が歴史上の大事をなした偉丈夫であったことを表現している。

敦煌三百二十三窟は七世紀初めの初唐の造営窟である。張騫出使からおよそ八百年後の、この窟の造営寄進者は、その鑿空と評された事績に心からなる敬意を抱いていたということができる。敦煌の唐代窟の壁画の主題は、仏教経典の内容を絵解きした「変相図」、たとえば「観音経変相図」「維摩経変相図」「西方浄土変相図」などが主流であって、歴史上の個人の事績をテーマとしたものはほとんどない。ひとり唐代壁画のみならず、敦煌の全壁画のなかでも、釈迦の生涯を描いた「仏伝図」のように、仏教史上足跡を残した人物以外の個人の事績を主題にしたものは、ほとんど例を見ないのである。因みに「張騫出使西域図」の対面になる南壁には「阿育王《アショカ》金像出現伝説図」が描かれている。

阿育王はアショカ王で、紀元前三世紀、インド・マウリヤ朝の第三代の王であり、はじめてインドを統一した。その過程でくりかえされた戦禍のなかで、悲惨な状況に陥った人びとを救済すべく仏教に深く帰依した。そして、散逸した仏教経典を集め、インド国内はむろん、ギリシャ、セイロン〔現スリランカ〕など周縁の地にも仏教を普及させることに努めている。死後には王を象《かたど》った金銅像が各地から出現したという伝説が行われた。三百二十三窟の壁画はそれを描いたものだが、残念なことに中央部の、まさにアショカ王の金像が海中から出現する部分が空白になっている。一九二四年、敦煌を訪れたアメリカの東洋美術史家ウォーナーが特殊な方法で剝がして持ち去ったのである。ウォーナーといえば、第二次大戦中、京都と奈良を米軍の空襲リストから除かせて日本の古代文化を戦火から守った恩人という説もあるほどの人物だが、ここでは癒しがたい傷痕を残している。

それはともかく、仏教中興の祖といわれるアショカ王に面して張騫の事績が描きとどめられていることに、私は感動した。張騫は壁画にとどめられ、歴史から消されることはないのだ。

それにしても、と私は思った。何故、仏教美術の殿堂に張騫が描かれているのか。

画面の下辺中央の送別の場面――武帝と張騫の間に、色紙型の区画があって銘文が記されている。それを読んで合点がいった。それには、

「前漢中宗既獲金人、莫知名号、乃使博望侯張騫往西域大夏国問仏名号時」

と書かれている。

――前漢の中宗は金人を獲たものの、その名号を知らなかった。そこで博望侯《はくぼうこう》張騫を西域の大夏《たいか》国に往かせ、仏名を問わせた時のもの、というのである。

前漢王朝には中宗という皇帝はいない。おそらく、この窟の造営後に唐の皇帝となった中宗になぞらえたものであって、むろん漢の武帝をさしている。博望侯は西域出使などの功によって武帝から張騫に与えられた爵位である。また、大夏《たいか》は張騫が達した最西端の国で、現在の中央アジア・バクトリア地方にあった。

さて、金人はといえば、『漢書』霍去病《かくきょへい》伝に匈奴の休屠《きゅうと》王が金人を得たという話がある。これについて初唐の注釈家・顔師古《がんしこ》は、金人は仏像だとしている。なるほど、仏像の名号を聞きに行ったということであれば、「阿育《アショカ》王金像出現伝説図」に向いあった敦煌の壁画に張騫が描かれていたとしてもふしぎはない、とその点では合点がいった。

だが、『史記』や『漢書』の張騫にかんする記載のどこをさがしても、銘文にあるような事績はない。ここでは、この石窟造営寄進者の張騫にたいする、なみなみならぬ敬意を読みとれば十分であろうと思う。鑿空とよばれる大事業を果し、天の河に行った男に、金人の名号をたずねるというもう一つの〝大事業〟を託したとしてもふしぎではない。西域にかかわる大事は、たとえ史書の記載でなくとも、

「それも張騫のおかげだ」

とするのが、後世の人びとの畏敬の念のあらわし方だったにちがいない。

敦煌の壁画に張騫が描かれた時からほどない八世紀初頭、一人の詩人が生れた。王維《おうい》である。

のちの南宗画（いわゆる水墨画）の始祖となるほど画にも巧みで、しかも見るからに美男子であったこの詩人は、まさにシルクロード交易を背景に繁栄を謳歌した玄宗時代の盛唐の詩壇を風靡《ふうび》していた。その王維に五言律詩「劉司直《りゅうしちょく》の安西に赴くを送る」がある。

絶域陽関道　絶域　陽関の道
胡沙与塞塵　胡沙と塞塵と
三春時有雁　三春　時に雁有り
万里少行人　万里　行人少《まれ》なり
苜蓿随天馬　苜蓿《もくしゅく》　天馬に随い
葡萄逐漢臣　葡萄《ぶどう》　漢臣を逐う
当令外国懼　当《まさ》に外国をして懼《おそ》れ令《し》むべし
不敢覓和親　敢て和親を覓《もと》めざれ

——第五句と第六句。「苜蓿」はうまごやしで、クローバーに似た牧草。「天馬」は西域産の良馬で、武帝が求めてやまなかったもの。「漢臣」は張騫である。

苜蓿も天馬も葡萄も西域の特産であり、いずれも張騫の西域出使の結果（張騫じしんがもち帰ったかどうかはともかくとして）、中国にはじめてもたらされたものであった。そうした物産と同時に、張騫出使以来、漢（中国）の威信は西域諸国に伝わり、西域からは使節が踵《きびす》を接して都長安にやってきた。今、安西に使するあなたも、あの漢臣張騫のように外国に威光を示しなさいと、王維は結尾二句で友人の劉司直（司直は官名、地方査察官）にいうのである。

当時、唐の西辺は南から攻め入ってくる吐蕃《とばん》（チベット）に悩まされていた。それにたいして、こちらから和親を求めることはない、と励ましているのである。

詩題にいう安西は、西域を軍政両面にわたって管理する安西都護府の所在地で、現在の新《しん》疆《きょう》ウイグル自治区トルファンであった。そこは、敦煌西南五十キロの関所・陽関から西北へおよそ六百キロの地にある。その間、ほとんどが一望果てしない沙漠の道であり、流砂と風塵に悩まされる。まだ春浅い今ごろ（三春）はなお寒く、雁の飛ぶのが見られるだろうし、どこまでも行き交う人はまれである。そうした絶域——異境の地を行く友人を励ます王維の詩のなかで、八百年余り前の張騫の大事業こそがキーワードになっているのである。大いなる歴史の記憶というべきであろう。

一九八〇年五月初旬、私はＮＨＫと中国中央電視台のシルクロード共同取材班の一員として、ラクダに乗ってタクラマカン沙漠にわけ入り、ニヤ遺跡をめざした。ニヤ（精絶）は紀元一世紀から三世紀までの後漢時代、シルクロードの西域南道の要衝として栄えたオアシスの町であった。一九〇一年、イギリスのスタインによって発見・発掘されて以来、一九〇六年のスタインによる第二次発掘、一九一三年の大谷探検隊〔註・未到達との説もあり〕、一九三四年の中国の考古学者黄文弼《こうぶんひつ》隊、一九五九年の中国社会科学院考古発掘隊などの発掘によって、ニヤ遺跡におけるシルクロードの東西文化交渉の跡は明らかにされている。それが今は流砂のなかにとり残されている。その遺跡をめざした私たちは、まる一日、沙漠のなかで道に迷った（ニヤ遺跡の内容と沙漠行の事情は、拙著『絲綢之路《シルクロード》行』・一九八八年・潮出版社刊にゆずる）。

タクラマカンとは、ウイグル語で「タツキリ・マカン」、生きては帰れぬ広大な大地を意味する。そんな一望果てしない砂の海で道に迷った。何一つ目標物もなく、自分がどこにいるのか不明であってみれば、それにまさる不安はない。そんななかで、しきりに張騫を思った。その時の私にとっても、不安をのりこえる支え、キーワードは張騫であった。

漢の武帝一代の事績を叙した『歴史を創造した漢の武帝』（原題『創造歴史的漢武帝』・一九八四年・台湾商務印書館）のなかで、編著者金恵《きんけい》は、「東方のコロンブス」

と張騫を評した。これは、ひとり金恵のみならず、新天地を開拓した張騫にたいする、今日の中国人の間で、いわばコンセンサスともいうべき評である。

地球が円いことを確信して航海の末に、アメリカ大陸を発見したコロンブスは、しかし終生そこがアジア大陸であると信じていたという。それにたいして張騫は多角的な見聞報告によって、当時及び後世に裨益するところ大であった。むろん両者の功を比較することは意味のあることではあるまい。ともに大事業であったことにはちがいないのだ。ここでは、十五世紀末のコロンブスによるアメリカ大陸の発見にたいして、張騫のシルクロード開拓が先だつこと千六百年余りであったことを銘記すれば十分であろう。

漢の武帝は、その五十三年に及ぶ在位の間に、西に南に東に版図を広げ、諸制度をととのえ世界帝国を築きあげ、「雄才大略」と評された。その間、多くの使節が各方面に送られたが、そのなかで最大の成果をあげたのが張騫であった。

まずは張騫登場の時代背景について記さなければならない。

第一章　張騫登場の背景

匈奴の馬蹄に戦く漢王朝

前漢王朝は紀元前二〇二年に成立した。

それより前、戦国の諸国分立のなかから制覇して、中国にはじめて統一王朝を建てた始皇帝の秦王朝はわずか十年余りで崩壊した。王朝末期には、「燕雀安《いずく》んぞ鴻鵠《こうこく》の志を知らんや」の名句とともに知られる陳勝《ちんしょう》・呉広《ごこう》らの農民一揆が全国各地でおこり、それに対抗して群雄が起って混乱をきわめていた。その戦いのなかで勝ち残った項羽《こうう》と劉邦《りゅうほう》の二雄による決勝戦は劉邦の勝利に終り、劉邦は長安を都として漢王朝を建て、初代皇帝の座についた。高祖である。

以来、漢王朝は前・後合わせて四百年余りつづいた。中国史上最初の大王朝であったが成立してしばらくの間は、北方の騎馬遊牧民族匈奴の脅威にさらされ、その馬蹄の音に戦《おのの》いていた。匈奴の存在こそが、漢王朝初期の最大の憂患だったのである。

むろん、北方異民族の中国中原にたいする侵攻の脅威は漢王朝にはじまったものではない。紀元前五世紀の戦国時代の七雄のうち、燕（河北省）、趙（山西省北部）、魏（山西省南部）、秦（陝西省《せんせい》）が、それぞれ北辺で異民族と境を接していた。

この頃の北辺の情勢は、東に東胡《とうこ》、西に月氏《げっし》、北に丁零《ていれい》らの諸族が割拠していた。そのなかで匈奴は現在の内モンゴル自治区の黄河の北辺に東西に連なる陰山《いんざん》山脈に拠っていたが、他の諸族に比べるとなお弱小であった。

北辺の情勢に異変がおきたのは、始皇帝が戦国諸雄を平定して、秦王朝を創始したころ（紀元前二二一年）であった。匈奴のなかで冒頓《ぼくとつ》が単于《ぜんう》（匈奴王の称号）となってからである（在位、前二〇九～前一七四）。

父の頭曼《とうまん》単于が月氏など他の諸族に恭順であったことに、かねてから不満をもっていた若き太子冒頓は兵を起してクーデターを敢行し、父頭曼を斬った。そして、みずから匈奴の騎馬軍団を率いて草原を疾駆し、東に東胡を討ち、北に丁零などの諸族を従え、西に月氏を襲って僻遠に去らせ、そこに匈奴の勢力を拡げた。この時の冒頓単于による月氏西走が、のちに張騫の西域出使の伏線となる。

ともあれ、こうして秦王朝の北辺は、東から西まですべて匈奴の勢力範囲にとりまかれることになった。

一方、戦国諸雄を平定した始皇帝は、しばしば全国各地を巡遊して勢威を誇示していた。

天下統一後七年目（前二一五）の巡遊は北辺の各地に向けられた。ねらいは北辺に威勢を増した冒頓単于の匈奴にたいして、天下統一の力を示すことにあった。遠く東北辺の碣石《けっせき》に至った始皇帝は長文の碑を残し、そのなかで、

「皇帝武威を奮い、徳は諸侯を併せ、初めて天下を統一す」

と高らかに宣言した。そして己が長寿を保証するために、東海に浮ぶ仙人の島に使者を送って不老長寿の薬を求めさせた。

不老長寿の薬といえば、いささか神秘的な伝説めいた話であるが、始皇帝は真剣であった。そもそも、われこそは史上始めての皇帝という意味で「始皇帝」と名のったのであり、秦王朝は未来永劫につづくものと信じ、そのためにこそ、みずからの不老長寿をねがったのである。

さて北辺巡歴から都咸陽に帰った始皇帝は、己が命で東海に使いしていた盧生《ろせい》の拝謁をうけた。だが盧生が奉呈したのは不老長寿の仙薬ならぬ、鬼神のお告げだという書であった。見ると、それには、

「秦を亡ぼすものは胡なり」

と書かれていた。

もともと、「書」は何ものかが己が意とするところを皇帝に提訴するために書いたもので、それを鬼神のお告げだと称しているのである。この書にいう「胡」は始皇帝の次男の胡《こ》

亥《がい》をさしていた。胡亥は凡庸凡愚であり、秦王朝の禍根である（事実、始皇帝のあとを嗣いで二世皇帝となった胡亥は秦王朝を崩壊させた）から除くべし、というのであった。

だが、始皇帝は「胡」を「えびす」と読み、匈奴こそが秦王朝を亡ぼすものとうけとった。誤解である。

だが、この誤解が歴史の大きな頁を開いた。

当時、匈奴は陰山山脈をこえ、黄河をわたり、オルドスの地に入っていた。オルドスは黄河が大きく「几」字形に彎曲している内がわの地で、現在の内モンゴル自治区西南部、陝西《せんせい》省北部、寧夏《ねいか》回族《かいぞく》自治区北部に当る。

お告げの書を得た翌年、始皇帝は全国から三十万の大軍を集め、勇将蒙恬《もうてん》に率いさせて匈奴を討たせた。結果は秦軍の大勝に終り、匈奴を陰山の北に退かせた。黄河流域の中原王朝の、匈奴にたいする史上最初の勝利であった。

その翌年、長城の築城が行われた。

長城はすでに戦国時代に築城が始っていた。北辺を異民族と接する燕、趙、魏、秦の諸国が、それぞれの北辺に長城を築き、異民族の侵攻を防ぐとりでとしていたのである。だが、それぞれ数百里という規模であり、諸国の長城間は連結していなかった。いわばスキマがあったのである。

始皇帝は戦国諸国の長城をつなぎ、補修し、さらに新たに大規模な築城を行った。その結果、西は臨洮《りんとう》（甘粛省岷《びん》県）から東は遼東に至るまで、あるいは黄河に沿い、沙漠を横切り、山腹を縫って蜿々《えんえん》とつづき、真に万里の長城と称しうるものとなった。さらに最近の考古調査の結果によれば、長城の東端は遼東より東に延び、朝鮮の平壌西北の清川江の河口にまで達しているという（華夏子《かかし》『明長城考実』・一九八八年・檔案出版社）。因みに秦代の度量衡によれば、一里はおよそ四百メートルであった。

――月からも望むことができる

後世の人にこういわしめたように、長城建設は世界史的な大土木工事であった。秦代長城は、今も中国のあちこちで見ることができる。

長城と言えば、北京北方八十キロの八達嶺《はったつれい》が有名で、観光名所になっている。堅固なレンガで固められた威容をほこる八達嶺の長城は、しかし後の十六世紀、明代のものである。それにたいして、秦代長城はほとんどが土築である。今も陝西省北部の沙漠を横切って連なる長城は、高さ三～五メートル。匈奴の馬群が越えて南下してくることを防ぐことが第一義的な目的であった。

築城には、おびただしい数の農民が動員された。一たび徴集されれば、現場での労苦は言い知れず、時には数年に及ぶことがあった。留守宅の女たちにとっても、たいへんな苦痛であった。そして多くの悲話が生れた。悲話を生んだ長城建設はまた、漢民族の匈奴にたいする強い恐怖感の証しでもある。

多くの悲話のなかでも後世もっともよく語りつがれたのは孟姜女《もうきょうじょ》物語である。

今世紀〔二十世紀〕はじめ、フランスの東洋学者ペリオが敦煌莫高窟蔵経洞から五千点に及ぶ古書画・文書を得たが、そのなかに「孟姜女変文」があった。唐の時代に語りつがれた孟姜女の悲話を記したものである。それによれば、

――始皇帝の時、杞梁《きりょう》という男が長城建設に徴用されたまま長い間帰らなかった。妻の孟姜女が冬衣を調《ととの》え、それを携えて現場に至ったところ、夫はすでに亡く、屍は長城の壁のなかに埋めこまれたあとであった。悲嘆にくれた孟姜女が泣きくれると、その涙で長城が崩れ、無数の遺骨があらわれた――

というのである。

唐といえば、始皇帝の時からおよそ九百年後である。唐の多くの詩人たちも、築城の労苦・悲劇をよんだ詩を残している。それはいつまでも消しがたい歴史の記憶となった。唐よりさらに四百年のちの元の詩人高青邱《こうせいきゅう》に「築城詞」がある。

去年築城卒　　去年の築城の卒
霜圧城下骨　　霜は圧す城下の骨
今年築城人　　今年の築城の人
汗灑城下塵　　汗は灑《そそ》ぐ城下の塵

大家挙杵莫住手　大家　杵《しょ》を挙げて手を住《とど》むる莫《なか》れ
城高不用官軍守　城高ければ官軍の守るを用いず

「大家」は全員、みんな、という意。「杵」は土をつきかためるためのきねである。みんなで手を休めずにつきかため、城壁を高くして、官軍が守備につく必要がないほどにせよ――末尾二句は、長城建設の現場監督官のきびしい督励のことばである。

近代に入っても孟姜女悲話の研究はさかんである。中国の代表的歴史学者顧頡剛《こけつごう》は、一九二四年、『孟姜女故事研究集』を発表、歴代の孟姜女故事をあとづけている。

今、沙漠を横切り、黄河に沿って、ところどころくずれながら連なっている秦代長城を見ると、往古の人びとの呻吟と匈奴との闘いのはげしさが胸に迫ってくる。

こうして匈奴を北に駆逐し、数々の悲話を残しながら長城を築きあげて北辺を安定させた始皇帝は、秦王朝の万世にわたる繁栄の基礎を築きえたと考えたにちがいない。だが、紀元前二一〇年、始皇帝が五十歳で没し次男の胡亥が二世皇帝になると、たちまち雲行きがおかしくなる。

胡亥は『史記』に記されたいくつかのエピソード（「鹿を指して馬と為《な》す」など）が示すように凡庸愚昧であった。長城建設の苛酷な労役とたび重なる対匈奴戦のための徴兵にたいする農民の積年のうらみは、凡愚の皇帝胡亥と、それを操って思うままに暗黒政治を行った宰相李斯（文化弾圧の代名詞となった始皇帝の「焚書坑儒」の発案者）と側近の宦官趙高に向けられた。

胡亥即位の翌年には、早くも長城守備兵の大動員に反対する陳勝・呉広の農民一揆がおき、それをキッカケに中国全土は戦乱にまきこまれた。その混乱のなかで胡亥は趙高に殺され、そのあとをついだ三世子嬰《しえい》は、わずか即位四十六日で劉邦に降り、秦王朝は崩壊した。時に紀元前二〇六年、秦王朝は、未来永劫どころか、天下統一からわずか十五年で歴史の舞台から消えたのである。

匈奴の冒頓単于が、この機会をのがすはずはなかった。陰山から出撃した匈奴の騎馬軍団は、長城をこえ、黄河をわたり、沙漠を疾駆して、かつて始皇帝の蒙恬が回復したオルドスの地深く侵攻してきた。それればかりでなく、北辺各地の長城線をおびやかし、侵攻をくりかえしていた。

紀元前二〇六年、三世子嬰を降伏させて秦王朝を滅した劉邦は、ついで紀元前二〇二年、宿敵項羽を垓下《がいか》（安徽省霊璧《れいへき》県）に三十万の大軍をもって「四面楚歌」で囲んで敗走させ、自殺に追いこんだ。

こうして天下統一を果し、漢王朝を建てて高祖となった劉邦であるが、その輝かしい出発において、早くも北辺では匈奴侵攻の脅威にさらされていた。秦王朝末期の混乱が残した負債をしょいこんだのである。

成立まもない漢王朝にとって、この負債はあまりにも重荷であった。「さわらぬ神に祟りなし」の譬えどおりで、現状維持を旨とし、自分から反攻する意志はなかった。

しかし、まもなくしてやむをえず匈奴とかかわりをもたなければならない事件がおこる。

高祖劉邦も始皇帝にならって中央から官吏を派遣して管理管掌する郡県制による中央統制の統一国家をめざした。その一方で、建国に功のあった戦国諸国の王室の裔を封建して王として待遇した。だが、もしその故地に封ずれば、やがて力をたくわえ勢力を回復し、王朝を覆す因になるかも知れない。そこでしばしば国替えを命じた。

韓王信《かんおうしん》もその一人であった（韓王信は、「股くぐり」「国士無双」「背水の陣」などの故事で有名な韓信とは別人）。韓の故地は現在の河南省中部であったが、そこから北方の代《だい》に国替えさせられた。だが、代の西境は、冒頓単于が王庭を置いていた平城《へいじょう》（現在の山西省大同）に接しており、つねに匈奴の攻撃にさらされていた。韓王信はたびたび漢王朝に救援を求めたが、なお国内の整備に忙殺されていた高祖にとっては、それどころではなかった。

韓王信は匈奴に降るほかなかった。すると匈奴は韓王信を先導におしたてて南下し、晋陽《しんよう》（現在の山西省の省都太原）にまで侵攻してきた。

事は重大である。晋陽は黄河第二の支流汾水《ふんすい》の岸にある。そこから汾水が黄河に合流するところまで南におよそ三百キロ。合流点から西南へ都長安までおよそ二百キロ。合わせて五百キロ、当時の里程で千二百里余りである。それが、どれほどの距離に当るか――

漢代の制度を記した『漢旧儀』（後漢の衛宏《えいこう》撰）に「駅（馬）三騎の行、昼夜行千里を程と為《な》す」とある。つまり、駅伝の馬は日に夜をついで三日に千里を行くというのである。むろんふつうの旅より速いのだが、『漢書』酷吏伝にはさらに快速の記録がある。河内郡《かだい》（現在の河南省の黄河以北の地）の太守（知事）の王温舒《おうおんじょ》は酷吏をもって知られていた。あるとき、郡内の汚職・隠匿を摘発し、連坐するもの千余家を検挙、処刑しようとした。それについて武帝の裁可を求める上書を携えた使者の馬は、河内太守の治所から都長安まで千七十里を二日で達したという。今日でいえば一日二百キロ余をとばしたことになる。

むろんこれは公務を帯びた使者であり、途中で抵抗をうけない場合である。外敵の地ではあり途中に黄河越えの難所もあって同日の談とはいかないけれども、名にし負う疾風怒濤の匈奴の騎馬軍団である――長安まで千二百里の太原といえば馬蹄の音が聞えてくる距離であった。

さすがの高祖も、こんどばかりは放置できなくなって、みずから三十万の軍を率いて親征した。

だが、結果は屈辱的な敗北に終った。

もともと農民出身である高祖劉邦は、楚の将軍の家系につらなる項羽にたいして軍略家としてははるかに劣り、戦《いくさ》は不得手であった。それよりも、人心収攬に長じていたので、それこそ「国士無双」の韓信や「刀俎魚肉（まな板の上の鯉、の意）」の危機にあった劉邦を救った樊噲《はんかい》らの勇将、さらには蕭何《しょうか》、張良《ちょうりょう》ら知謀の士を配下におさめて項羽に勝利したのであった。だが、こんどの対匈奴親征では、みごとに匈奴の奸計にはまりこんでしまった。

はじめはほとんど抵抗もなく連勝の勢いで匈奴を北に追い、太原を越えて平城に迫った。だが、それこそ思うツボの匈奴の奸計であったが、高祖は察知できなかった。時に旧暦十月、陽暦でいえば十一月も半ばである。北に追って行くほど寒気が増し、寒さに馴れない漢の兵卒は凍傷で指を失うもの十中二、三にのぼった。それでも平城に進出した高祖の軍であったが、そこで突如、匈奴の大軍四十万が現われ、何重にも包囲された。包囲されること七日、漢軍は分断され、増援の軍とも連繋がとれないまま、兵糧も尽きようとしていた。高祖はやむなく冒頓単于の閼氏《あつし》(単于の妻の称号)に密使を送って貢物を贈り、単于へのとりなしを依頼し、ようやく包囲を解いてもらう始末であった。

敗戦の報は巷間にも伝えられた。人びとの間に「平城の下《もと》、まことに苦しむ。七日食なく弩《いしゆみ》(強力な弓)張ることもあたわず」という戯歌《ざれうた》が流行ったと、『漢書』匈奴伝は記録している。

この時の講和条件として、漢から莫大な黄金と帛《きぬ》を贈り、公主(王族の女)の一人を高祖の娘として単于に嫁すことが約され、その通り実行された。

このように平城の役は屈辱的な敗戦に終った。それも高祖親征であっただけに徒労感と匈奴への恐怖感は大きく深く残り、その後の漢王朝の記憶として骨身に徹し、対匈奴弱腰外交の基底となった。

匈奴はますます勢いに乗って北辺を侵し、また、しばしば高圧的な書簡を漢王朝に送ってきた。だが、漢の対応は低姿勢に終始した。

初代高祖、二代恵帝のあと、漢王朝には恭・弘二代の幼帝がつづいた。ともに恵帝の子であるが、その後循となったのが恵帝の実母の呂后《りょこう》であった。呂后は二人の幼帝の祖母として幼帝を抑え、みずから前面に出て専横をふるい、漢王朝では比《なら》ぶものなき実権者となった。

その呂后のもとにも、冒頓単于から高圧的な書簡が来た。呂后は怒って匈奴を討つことを朝議に咨《はか》った。樊噲がそれに応えてみずから出兵することを願い出た。それにたいして季布《きふ》が反対した。季布は「黄金百斤を得るは、季布の一諾を得るに如《し》かず」とうたわれたように、信義篤い人物として一目おかれていた。その季布が言った。

「匈奴は禽獣の如きもの。其の悪言何ぞ怒るに足らんや」

そしてもち出したのが、前掲の戯歌であった。

――懼れ多くも御夫君（呂后は高祖の皇后）のあの平城での辱かしめをお忘れ召されるな。王朝の礎《いしずえ》をたしかにするためにも、今は忍ぶべきは忍ぶべきである――

平城の役のことをもち出され、しかも相手が季布であれば呂后も引かざるをえない。出兵をやめ、逆に丁重な書簡とともに、御車二輛と馬二駟《し》（一駟は馬四頭。御車一輛は四頭立ての馬車であった）を単于に「常駕」として奉った。単于を漢の皇帝と同等に扱うに等しいことであった。

それでも北辺への侵攻はつづいた。

つぎの文帝の三年（前一七七）にも単于から書簡が来た。それは「天の立てし匈奴の大単于」が漢の皇帝の日常如何を問うという高圧的な文面ではじまり、匈奴の勢威を誇示するものであった。一節にいう。

「（匈奴は）天帝の加護と優良な吏卒、強力な馬匹によって月氏を滅し平げ、これを悉《ことごと》く斬殺し、降服させ平定す。また、已に楼蘭《ろうらん》・烏孫《うそん》・呼掲《こけつ》及び近傍の二十六国、みな匈奴に併合せり」

これが楼蘭という名が中国に伝えられた最初の文書であった。匈奴は漢の北辺だけでなく、遠く西域、今日でいうシルクロードにまで威を張ったというのである。

そうと知っても、いや、そうと知ればこそ、文帝と朝臣たちの評議は匈奴を討ってはならず、和親することが上策と定まっていった。そして「匈奴の地は沼沢や塩分のある不毛の地が多く、奪ったところで意味がない」というのであった。何やら〝敗け惜しみ〟の感がする。

さきの冒頓単于の高圧的な手紙にたいする文帝の返書は「敬《つつし》んで匈奴大単于にご起居如何あらせられるかお伺い申す」と書きだされ、終始、辞を低くして和平を請うている。そして月氏を滅し、楼蘭をはじめとする西域諸国を服属させたことを功労として讃え、それに報いるために、「ここに衣服として刺繡した絹を表に、綺《あやぎぬ》を裏とした袷《あわせ》・長襦袢・錦の上衣各一着、櫛一枚、黄金貝飾りの帯一本、黄金の帯鉤《とめがね》一個、繡《かざりぎぬ》十匹、錦二十匹、赤い綈《あつぎぬ》・緑の繒《うすぎぬ》各四十匹」を単于に贈る、としめくくっている。

いずれも中国特産、特製の品々であり、匈奴単于の求めてやまないものであった。以後、贈物はほぼ毎年の定めとなった。「このため、景帝の末年まで、匈奴は時に少しは侵入して辺境を掠したものの、さしたる寇はしなかった」と『漢書』匈奴伝は記している。

景帝は第六代皇帝で武帝の父である。武帝以前の漢王朝の対匈奴基本策は低姿勢による和親に終始していたのである。創始者高祖の平城での手痛い屈辱的な敗戦から、あたかも「羹《あつもの》に懲りて膾《なます》を吹く」という、及び腰の状態に陥っていた。そして、戦国末期に流行った「清静無為」――心静かに無欲にして積極的に事を為《な》さない、そうしてこそ世は治まるという道家の哲学が漢王朝の政治の底流となっていた。

耳よりな情報と武帝の経略

紀元前一四一年、父景帝が没したあとを嗣いで武帝が即位した。

匈奴の方でも冒頓単于はすでに亡く、そのあとを子の老上稽粥《ろうじょうけいいく》単于がつぎ、さらに武帝即位の時は、老上の子の軍臣《ぐんしん》が単于となっていた。そうして代がわりを重ねながらも、匈奴は冒頓時代の強勢を保っていた。漢との間に和親をつづけながら時をうかがっては辺境を侵していた。

即位直後の武帝も、それまでの漢王朝の対匈奴策を踏襲せざるを得なかった。軍臣単于との間で、従来の和親を約束し、十分な贈物をし、一部とはいえ辺境での交易を認めた。

こうした時に、武帝の耳に一つの情報が入った。

――匈奴は月氏を打ち破ったが、その記念に月氏王の頭蓋を酒杯として用いている。月氏は西に追われ、匈奴をたいへん怨んでいるが、残念ながら共同して匈奴を撃とうとする国がない――

というのである。月氏の投降者からの情報であった。

当時のことである。投降者や捕虜の話はきわめて重要な情報源であった。むろん、そのすべてが信用できるものではないし、時には意図的な誤情報もあって、にわかに信じたために手痛い失敗をうけることもあった。武帝は、かねて己が思うところと照らし合わせて、この情報は十分吟味するに値するものと考えた。

武帝は即位の時、十六歳であった。若き皇帝は、父祖以来の「清静無為」の潮流とそれがもたらす事態に満足していなかった。曽祖父高祖以来六十年、今こそ父祖の代をのりこえて漢王朝を一大帝国たらしめん――そんな大志を抱いていた。そうして武帝は即位直後から、つぎつぎと革新策をうち出した。

たとえば「罷黜《ひちゅつ》百家、独尊儒術」である。他の百家の説を排して、儒学のみを尊重する。それは中国史上最初の「儒教国教化」というべく、儒家の説にもとづいて礼制を定め、国家原理を明確にしようというのである。それまで道家など他の百家の説を必要に応じて採用してきた父祖の代の、よく言えば臨機応変の現実主義、わるく言えばご都合主義の弊を改めようとする革新的な施策であった。そして、何よりも外には対匈奴弱腰外交を払拭し、反転攻勢をかけて匈奴の力を削ぎ、辺境情勢を安定させることこそが大帝国建設のための必須の条件と考えたのである。

――これは耳よりな情報だ。月氏と共同して匈奴を討とう。西に追われた月氏と結べば匈奴を挟撃する態勢ができる――

月氏の投降者の情報に接して、武帝はそう考えた。この時、武帝の脳裡には、戦国時代、范雎《はんしょ》が秦の昭襄《しょうじょう》王（始皇帝の曽祖父）に献じた「遠交近攻」策がひらめいていたにちがいない。

重要な政策決定に当って、歴史上の先例や故事に学ぶということは、今日も変らぬ中国の伝統である。『史記』『漢書』をはじめとする史書には、朝議での論戦がしばしば登場するが、そのなかでは、それぞれの論者が過去の事件や故事をひきあいに出し論拠にしているのをよく見ることができる。

始皇帝の天下統一以前の戦国時代の形勢を見ると、西に秦が強勢を誇り、東に斉（山東省）が威を張っていた。斉と秦が東西二大国であった。そこで秦は斉を倒して全土制覇の機をうかがった。だが、斉に攻めこむためには、間に韓・魏を通らねばならない。それを攻め滅すのも易きことではない。そこで、まず遠国の斉と結び、そのうえで韓・魏を陥せば、斉もしぜんに手中のものとなる——それが范睢の「遠交近攻」策の主旨であった。武帝にしてみれば匈奴討滅という第一義的な目的を達せられるのであれば、月氏であろうと何であろうと、敵の敵であれば結ぶに如かずと考えたにちがいない。しかも「遠交近攻」策は歴史の先例としても有効であった。

戦国時代には、「遠交近攻」策の范睢のように弁舌をもって各国に遊説し、王にとり入っては策を献ずるものがいた。

「合縦連衡《がっしょうれんこう》」という語がある。日本でも政界などで、異った派閥、異った党派の間の連合が計られるときに、このんで用いられているが、「合縦」と「連衡」はもともとは相対立する二つの策である。

「合縦」は蘇秦《そしん》なる人物が唱えたものである。戦国諸国は最強の秦に如何に対抗するか腐心していた。蘇秦はまず北の燕を手はじめに、南へ趙・斉・魏・韓・楚の六国をまわって諸王を口説き連合して秦に対抗することを説いた。つまり、六国を南北＝縦に連合させる「合縦」策である。蘇秦は諸王にうけ入れられ、なんと六ヵ国共同の宰相となった。

一方、「連衡」は張儀《ちょうぎ》が秦の恵文《けいぶん》王（昭襄王の父）に説いた策である。もともと張儀は蘇秦の弟弟子であった。蘇秦は自分の「合縦」策を有効ならしめるために張儀を秦に送りこみ、「合縦」策のさまたげになるような人物を除かせようとしたのであった。だが、弟弟子とて一筋縄でいかないところ、兄弟子に勝るとも劣らない。

秦に入って巧みな弁舌で恵文王の信を得た張儀は、他の六国を巧みに対立・分裂させて各個撃破し、秦に臣従させようという「連衡」策を献じたのである。つまり、六国を東西に衡《よこ》に分断して秦のもとに連ねさせようというわけである。張儀は兄弟子蘇秦をうらぎったのだ。

こうして戦国の世を弁舌と権謀術数で天下に横行した人物は「縦横家」とよばれた。范雎もその一人である。

かれらは、いわば百家に属し、けっして儒家の徒ではない。武帝にとって、己が推し進めんとする「罷黜百家、独尊儒術」の方針とは相容《い》れない徒輩である。

即位直後、武帝は詔を下して全国各地から「賢良方正、直言極諫」の士を推挙させた。それにたいして、時の丞相衛綰《えいわん》が、推挙されたものは国政を乱す恐れがあり一切採用しないよう奏上した。その最大の理由は、推挙されたものが蘇秦・張儀らの言説を学んだものだということにあった。いわゆる「縦横家」を名ざしで排除したのだ。そこには范雎の名はあげられていないけれども、范雎が「国政を乱すおそれ」あるものに含まれていたであろうことは想像にかたくない。

武帝は衛綰の上奏を裁可した。「罷黜百家、独尊儒術」の方針からすればとうぜんの処置であった。

だが、と武帝は考えた。

——あの方針は国家の礼制にかんする原理であり、骨骼《こっかく》づくりのためのいわばタテマエだ。己が身を守るための現実的な指針となれば、たとえ儒家の説とは相容れないことでもとり入れ身につけなければならない。それがホンネだ。不老長生の仙術や薬を求めるのも、その一つなのだ——

じっさい、中国歴代王朝の皇帝のなかでも、武帝の神仙への傾斜は群を抜いており、先には秦の始皇帝、後には唐の玄宗のそれに勝るとも劣らなかった。

それはともかく、月氏の捕虜の情報に接してさまざまな思いをめぐらした武帝は、范雎の「遠交近攻」策に学んで、結論はただ一つ、

——月氏と結んで匈奴を討つ

という方向に傾いていった。

だが、ここまで考えてハタと迷った。月氏への使者として誰を立てるべきか——

漢王朝として月氏に正式な使者を立てるならば、列侯か大臣など高位高官のものを当てなければならない。

しかし、である。さきの祖父文帝にたいする思い起すだに腹だたしい冒頓単于からの手紙

にもあるように、そして今また月氏の投降者の話にあるように、漢の西辺は匈奴の支配下にある。しかも、現実に誰も行ったものもなく、そこがどうなっているかも知れない。少くとも西に追われた月氏の地に行くには、途中に匈奴の支配下地域を通らなければならない。そこはまた沼沢・塩地の多い荒蕪《こうぶ》の地というではないか。要するに、命の保証さえもおぼつかないところなのだ。そんなところに、列侯・大臣を使者に送ることができるだろうか――

事実、誰一人、使者に立つことをのぞむものはいなかった。

――そうだ、ここは広く天下から人材を募ろう
武帝はそう考えた。

五十五年に及ぶ治世の間に、漢を強大な王朝に仕立てあげ、「雄才大略」の皇帝とよばれた武帝を支えたのは、広く天下に号令した積極的な登用策によって採用された「賢良方正、直言極諫」の士であった。

積極的な人材登用策についていえば、武帝にとっては曽祖父高祖の話が反面教師になっていた。

『漢書』高帝紀によれば、高祖が病の床に着くと、皇后呂后が後事を託すべき人材についてたずねた。陛下に万一のことがあり、丞相の蕭何が亡くなった場合、代りは誰にしたらよいかと問うたところ、高祖は「曹参《そうしん》がよかろう」と答えた。では、その次はという呂后の問いには、王陵《おうりょう》、陳平《ちんぺい》、周勃《しゅうぼつ》をあげた。呂后がしぶとく、さらに以上五人の次をたずねたとこ

ろ、高祖の答えは、

「其の後に至りては、汝の知るところにあらず」

というのであった。

高祖があげた五人は、いずれも秦を倒し項羽と闘って漢王朝を興すために力戦したものたちで、高祖劉邦にとっては肇国《ちょうこく》の同志たちであった。しかも、ひとり陳平が河南陽武の出身であるほかは、すべて同郷の沛《はい》（江蘇省徐州の北）の出身者であった。高祖劉邦には同郷の同志のほかには手もちの人材がなかったということになる。呂后への最後の答えは、劉邦ファンなら、瑣事にこだわらない大らかな人柄を示すエピソードとして感じ入るところであろうが、やはりここには遠く王朝の将来を見こした人材登用・養成策がなかったとみるべきであろう。

――あれではいけない
賢良方正、直言極諫の士の推挙令は、祖父文帝も下している。だが武帝は即位直後の建元《けんげん》元年（前一四〇）に早くも下して意気ごみを示した。そして以後、五十五年の治世のなかでしばしば下している。

月氏への使者の推挙令も、中央・地方の官吏及び諸侯に下された。どんな人材が求められたのか。

『史記』『漢書』をはじめとする史書には、月氏への使者推挙の詔についての記述はない。

ここでは、のちの元封《げんぽう》五年（前一〇六）四月に下された詔がヒントになる（『漢書』武帝紀）。

「蓋《けだ》し非常の功有るは、必ず非常の人に待つべし。故に、馬は或は奔踶《ほんてい》にして千里を致し、士は或は俗に負《そむ》くの累有りて功名を立つ……其れ州郡に令し吏民の茂材異等《もざいいとう》有りて、将相及び絶国に使いする者と為《な》るべきを察せよ」

――常ならざる大きな功績というのは、常ならざる人物に期待しなければならない。馬だって暴れ馬（奔踶）といわれる馬こそ千里を走ることができるのだし、人物も世俗にそむくほどの志があってこそ功名を立てることができる……今、州郡に下令する。常人と異るほどにすぐれた才能（茂材異等）のある吏民で、将軍宰相や遠く絶域に使者となって働けるようなものを推挙せよ――

というのである。

月氏使者に期待したのも、こうした人材であったにちがいない。

こうして推挙されてきたもののひとりに、張騫がいたのである。今日でいえば履歴書のようなものを見ると、職位は「郎」とあった。それがどの程度の職位であるかについては、またのちにはふれるが、ともかく官吏としてはやっと登龍門の入口に立った程度の低位であり、皇帝の正使として本来あるべき列侯・大臣から見れば、雲の下、まさに月とスッポンであった。

ころもあった。

だが、武帝の人材登用には、先例や有職故実にこだわらない、時として恣意的といえると

こんなエピソードがある。即位してまもない頃、おしのびで巡視の旅に出た。夜になって柏谷《はくこく》（河南省霊宝県《れいほう》）に至り、一軒の旅籠《はたご》に投宿した。宿の主人の老母は何もないけれどもと言って鶏をしめてさばいて熱心に歓待した。武帝はたいへんよろこび、都長安に帰って未央宮《びおう》に老母を召し出して謁見を賜い、宿の主人を羽林郎《うりんろう》にしたという（羅義俊《らぎしゅん》『漢武帝評伝』・一九八八年・上海人民出版社）。羽林郎といえば禁門守衛の、いわば近衛兵であり、世間では選ばれたものと認識されていた。

時に武帝十七歳で、これはまた若気から出たものと言えなくもない。だが、それから十六年後の元朔《げんさく》五年（前一二四）、公孫弘《こうそんこう》を丞相に登用した人事は世を驚かせた。

公孫弘は山東の魯の一介の養豚家であったが、儒家の説をよく学んでいるということから、六十歳の時、賢良方正の士として推挙されて廷臣となった。武帝の策問（対策を問うこと）にたいして、周公旦《しゅうこうたん》の言説と事績をもとに答えた。周公旦は仁と礼をもって周の文・武・成三代の王に仕え、兄武王の殷討伐と周王朝の興起、そして兄亡きあとは幼い成王を支えて周王朝繁栄の基を開いた。その功によって魯の国の創始者となり、のちに孔子から鑑《かがみ》として尊崇された人物である。武帝は公孫弘を、儒家の説に通じた「謹厳・重厚」の士として重用し、ついに丞相に登用したのである。あっと驚く人事であった。何故なら、それまで丞

相は列侯から任用するのが定めであった。もと養豚家であった公孫弘は御史大夫（検事総長、副丞相）にまで昇進してはいたが、むろん列侯ではなかった。

公孫弘の丞相登用はまことに型破りであり、有職のものからみればがまんのならぬことであった。そのころ、代々九卿（宮中祭祀の長官太常など九人の大臣にたいする称号。丞相・御史大夫は含まれず、身分はそれより上位にあった）に列せられた名家の出で、直諫廉潔《ちょっかんれんけつ》の士として宮廷内で重きをなしていた汲黯《きゅうあん》が武帝に諫言した。

「陛下の群臣登用の仕方は、まるで薪を積み重ねるようなものです。あとから来たものが上に乗っています」

だが、武帝は笑って取り合わなかった（『漢書』汲黯伝）。そして公孫弘を追って平津侯に列して、形をととのえた。

武帝の人材登用には、そうしたところがあった――ともかく張騫なるものに会ってみよう。なにしろ、月氏などという道さえ知れぬ僻遠の地に使者を送るのだ。非常の場合である。そんななかで功を得るには、「異等の者――常人と異ってとくにすぐれた才ある者」が、今こそ必要なのだ。

武帝は張騫を引見した。さまざまに策問し、人物を観察し、しだいに魅力を感じていた。

――まず身体がいかにも強健そうだ。意志も堅く節を枉《ま》げるようなこともない。機智も明敏で機に臨み変事がおきても対応する才もありそうだ。弁舌にも筋が通っており、学識もある。この人物なら計り知れぬ苦難の旅に耐えたうえでの外交交渉をまかせるに足りよう――『史記』にも『漢書』にも、張騫引見の場面にかんする記述はない。策問の内容も、それにたいする張騫の「対策」も記されていない。しかし、右のような人物をこそ、武帝は求めていたのであり、張騫は武帝のおめがねに適《かな》ったのだ。

こうして張騫は対月氏交渉使節団団長に任じられた。

奇特な応募者張騫――出身と時代風潮

ほんの一縷の、月氏の投降者の話以外に、何一つ情報のない広袤千里の未知の僻遠の地に進んで行こうというのであるから、張騫は奇特な応募者というべきであった。張騫登場の背景を、その出身と時代風潮から考えてみたい。

『漢書』張騫伝は、つぎのように書きだされている。

「張騫は漢中《かんちゅう》郡の人で、建元年間、郎となった」

ここにいう「建元」は、武帝即位当初の元号で、西暦紀元前一四〇年から紀元前一三五年までの六年間である。また「郎」は官職名であるが、これについてはのちにふれるとして、まず出身地の漢中郡はいかなるところかをみてみたい。

漢中郡は現在の陝西省の西南部の漢中市を中心とする一帯の地方であった。張騫は現在の漢中市内、中心部から東へ四十キロの城固《じょうこ》県の出身である。

城固県も含めた漢中の地は、北に秦嶺《しんれい》山脈、南に米倉《べいそう》山系、西に崑崙の支脈であるバヤンカラ山系にとりまかれた盆地であり、その中央を漢水《かんすい》が東に流れている。漢水は米倉山系に発し、東南に千五百キロ余りを流れて湖北省の武漢で長江に注ぐ、長江の大支流の一つである。漢中は、盆地とはいいながら漢水流域に開けた平野であり、降水量も年平均千ミリを超え、気候も温暖の地である。

四周を峻嶮《しゅんけん》にとりまかれながら、漢中はしかし孤立した地ではなく、古来交通の要衝であった。張騫が生れる前、秦の時代には北へ秦嶺山中の褒谷《ほうこく》を貫いて郿《び》県西南の斜谷《やこく》に通じる褒斜《ほうや》道が開けていた。郿県からは東に渭水《いすい》（黄河最大の支流）沿いに都咸陽そして長安に道が通じていた。南には石牛《せきぎゅう》道とよばれる道が米倉山そして蜀の峻嶮のいくつもの峠を越え、四川に通じていた。褒斜道といい石牛道といい、いずれも当時の幹線路であった。

秦王朝が崩壊したあと、天下に覇を唱えるべく項羽と劉邦が争った。当初優勢だった項羽は黄河からさらに渭水沿いに中原を西へ軍を進め、秦の都咸陽をめざした。それにたいして劉邦は漢水沿いの道を進んで漢中に入り、そこを拠点として咸陽をめざしている。漢中は優勢な項羽軍に対抗するための拠点となるに十分な地だったのである。

交通の要衝漢中は「兵家必争の地」でもあった。これは張騫より後の時代のことであるが、三世紀初め後漢王朝が崩壊して魏・呉・蜀の三国が争覇した。四川の成都に拠った蜀の諸葛孔明《しょかつこうめい》は北に進んで長安をめざした。それを抑えるべく魏の曹操《そうそう》が南下し、両者は漢中の地を争った。やがて漢中を押さえた孔明は、そこを拠点として六たび北に出撃したが、天下統一の望みを果さないまま有名な五丈原《ごじょうげん》の陣中で病歿した。今、漢中を中心に、さきに記した古代褒斜道や蜀（成都）に通じる道すじは、三国志にまつわる史跡・遺跡の宝庫になっている。

陝西省と接する甘粛省の東南部に、中国四大石窟の一つ麦積山《ばくせきざん》で有名な天水《てんすい》がある。私はかつて、その天水から東南へおよそ四百五十キロの漢中まで一日がかりで車行したことがある。道は秦嶺山脈の西端の山あいを縫うようにして進み、途中二、三千メートル級の峠を四つほど越えて、やがて古代褒斜《ほうや》道に重なる。沿線には徽《き》県、鳳《ほう》県といったやや大きな町があるほか、小集落がいくつも置かれている。住民たちは山あいの小さな流れに沿った狭い土地や、比較的低いなだらかな山腹を選んで耕作している。主として小麦と菜の花（油を採る）畑を耕して、畑は天に至っており、その労苦はいかばかりかと思いやられる。

漢中まであと百キロほどのところで、道は漢水の支流褒河《ほうが》沿いを進み、やがて最近〔一九七〇年代初頭〕つくられた褒河ダムを眼下に見下ろしながらのぼって行く。山腹を巻くようにしてのぼる道は急で、断崖の下に褒河ダムが見えかくれし、目がくらむようだ。

天水から漢中に至る道の、この最後の峠を越えると視界は一挙に開ける。南に米倉山系をのぞむ漢中平野に入ったのだ。この地方特有の紅殻色の大地に緑の小麦畑、今を盛りと咲く鮮やかな黄色の菜の花畑が眼にしみるようだ。小麦と菜の花という道具立ては同じでありながら、それまで山間の道で思わないではいられなかった人びとの労苦にみちた耕作の営為からみれば、漢中平野はたしかにゆたかな地だと思う。

やがて漢中の町に入る。

道路わきのあちこちで野菜が商われ、露店の小さな食べものやが営まれているのは、近郷近在の農民たちがやってきて開く、いわゆる自由市場で、これは最近の中国ではどの町でも見られる風景である。だが、町並みの風景はちがっている。間口二間から三間ほどの小さな商店が軒を並べ、あかあかと電光をともしている。店内には、色とりどりの衣料品、ラジカセや各種カセットテープ、化粧品、食料品などが並び、「小吃店」とよばれる小さな飲食店が素朴ながらネオンに飾られている。道行く人が多いのは、ほかの地と変りはないが、しゃれた服装が目につく。ヘルメットを被ってオートバイを走らせている人もまれではない。

一般的に黄河流域の華北の町では、北京や西安など大都市の盛り場をのぞいては、夜は暗いのがふつうだ。そのなかで漢中市内の明るさと賑わいは印象的であった。漢中は開放的でしゃれた町であった。そのことを口にした私に現地の中国人ガイドは、

「漢中は古くから人と物資が集まるゆたかなところです」

と胸を張った。

漢中平野を形成している漢水は、さきにも記したように長江の一大支流である。そこから

考えれば長江流域の江南の気風や文化がここに運ばれ、その影響があってもふしぎではない。街並みの明るさは杭州など江南の町に近い。だがまた、政治的には古くから華北に統合されていた。『史記』秦本紀によれば、秦の恵文王の十三年（前三一二）、この地に漢中郡が置かれている。それは漢中の名が史書にはじめて登場する記載であり、始皇帝による史上はじめての中国統一王朝の創立以前の戦国時代のことであった。

こうして漢中は、古代中国における南と北の異質な気風と文化が古くから混りあい、今日風にいうならば国際的な精神風土ともいうべきものが形成されていた地であったにちがいない。

張騫が生れ育った時代の漢中について考える時、もう一つ見逃せないのは、そこが辺境の地に近かったということである。まさに張騫の西域出使によって西域への道が開かれる以前の秦漢時代、天水から西は胡《えびす》の地であった。はじめは月氏が、ついでそれを西に追いやった匈奴が支配する地だったのである。また、南の蜀も西南夷が支配する胡の地であった。「華戎《かじゅう》相交わる一都会」という語がある。四世紀初頭の晋の司馬彪《しばひょう》が『後漢書《ごかんじょ》』のなかで後漢時代の敦煌について記した記事の一節である。それこそ張騫によって西域との道、今日でいうシルクロードが開通したあとの敦煌は、「華」つまり漢民族と「戎」つまり異民族とが共存する町だったというのである。

前漢王朝初期、張騫出使以前の版図はそれよりずっと狭く、現在の甘粛省天水周辺が西端の地であった。その天水に近い当時の漢中にも、西や南から胡の商人がやってきていたにちがいない。「華戎相交わる」とまでは言えないにしても、胡人との接触は非日常的なことではなかったにちがいない。要するに、ここ漢中の地では、都長安の人びとが「胡」と聞いただけであるいは蔑みあるいは怯えるといった風はなかったにちがいないのである。

こうした辺境の地にはまた、尚武の気風があった。

『漢書』の撰者班固《はんこ》は、その趙充国《ちょうじゅうこく》・辛慶忌《しんけいき》伝賛で「秦漢以来……山西には将軍が輩出した」という。「山西」とは今日の山西省ではなく、天水・隴西《ろうせい》など今日の陝西省西部から甘粛省東部及び安定《あんてい》、北地《ほくち》など今日の陝西省北部の辺境の地の謂《いい》である。班固は、

「その位置・地勢は羌胡《えびす》の地に接し、その民俗は戦備を修め習い、勇武、騎馬、騎射を大いにたっとんだ」

と記している。天水、隴西に近接した漢水の地にも、そうした尚武の気風が伝わっていたにちがいない。

ともあれ、こうして異民族交流する開放的で尚武の気風のある漢中で張騫は生れ育ったのである。若くして外向的な進取の気性を身につけていたと考えてよいであろう。

漢中出身の張騫は武帝即位当時、都長安に出て「郎」の官職についていた。

漢代の郎は、下級の侍従職又は各省の事務官の謂で、いずれにしても下級の官僚であった。だがそれは漢王朝創立の功臣など格別の家門の出身でないものが高級官僚をめざす時に

は必ず通らなければならない地位であった（羅義俊『漢武帝評伝』）。張騫もまた、そうした出身の一人として「郎」の官にあった。孜孜《しし》として勤めれば高級官僚への道が開けるかも知れない。そうするほかはないのだが、しかし必ず道が開けるという保証はない。「郎」という地位は、いうなれば今日のサラリーマンが日常に抱いているのと同じような悩みと不安をもつ立場にあった。あるいは自分はこのまま終ってしまうのではないか――

そこに武帝の西域出使使節徴募の詔であった。漢中出身の張騫が心を動かされたとしてもふしぎではない。

時に漢王朝成立後七十年、肇国《ちょうこく》当時の乱世の革新の気風がなお歴史の記憶として残っていた。張騫もつぎのことばを聞き知っていただろう。

――燕雀安《いずく》んぞ鴻鵠《こうこく》の志を知らんや

始皇帝が没した翌年、紀元前二〇九年、秦王朝打倒ののろしとなった農民一揆の指導者陳《ちん》勝《しょう》のことばであり、日本人にも名言としてよく膾炙《かいしゃ》している。

現在の河南省北部陽城にいた陳勝は、若いころ貧しく、その日暮らしの小作人をしていた。ある日、陳勝は仕事の手をやすめ、丘にのぼってため息をついて雇い主に言った。

「たとえおれが富貴の身になったとしても、お互いにこの日のおつきあいを忘れないようにしよう」

するとと雇い主がフンと鼻でわらって言った。

「なんでお前なぞが富貴になどなれようか」

それを聞いて陳勝がいっそう深いため息をついて言ったのが、この名言であったと『史記』陳渉世家《せいか》（渉は陳勝の字《あざな》）は記している。

やがて始皇帝のあとをついだ二世皇帝胡亥の元年（前二〇九）七月、各地に辺境守備のための徴発動員令がくだった。当時はしょっちゅう貧しい農民が前線に動員され、ために大いに苦しめられていた。陳勝も動員され、指定された目的地である漁陽《ぎょよう》（北京地方）をめざして仲間とともに出発した。

当時、動員された農民は九百人が一班と定められていた。陳勝は一班のかしら、つまりは指導者に推挙された。

その年はことのほか雨が多かった。途中の大沢郷《だいたくきょう》（安徽省東北部）まで来ると、豪雨のために道が流され進めなくなった。このままでは指定された到着期日におくれる。当時、「後期」——期に後《おく》れる、といえば命令違反とみなされ、死罪であった。今や「後期《ごこう》」となることは明らかだ。どうするか。この時、陳勝とともにかしらにあげられていた呉広がたって叫んだ。

——王侯将相、寧《いずく》んぞ種《しゅ》有らんや

王も大名（侯）も将軍も大臣も、もともと生れついて（種で）きまっているのではない。だれもが努力しだいでどんな出世でもできるのだ。このまま甘んじて死につくことはない、というのである。まさに乱世の思想であり、みごとなアジテーションであった。

こうして陳勝・呉広の指揮のもと、貧しい農民の群は武装蜂起し、それをキッカケに各地で農民一揆が燎原《りょうげん》の火のように広がった。陳勝・呉広の叛乱軍は各地で勢力をふやし、一時は濮陽《ぼくよう》（河南省東北部）に都して王朝を建て国号を張楚と称した。かつての日雇いの小作人が王となったのだ。だが、陳勝はまもなく滅される。各地の反秦叛乱のなかから力をたくわえた劉邦・項羽の軍によって倒されたのである。

こうして敗れたりとは言え、陳勝・呉広の乱は、劉邦による漢王朝創立に道を開いたものであり、二人が残したことばは名言として後世に伝えられた。それは世直しあるいは下剋上の気風を醸成し、人びとに進取の気性を促すものであった。漢王朝創立から七十年、武帝即位当時には、なおそうした気風は余韻を残していた。

すでに記したような土地柄の漢中に生れ育ち、今は前途定かならぬ不安定な「郎」という身分にあった張騫である。月氏への使節募集の詔に接して漢王朝創立当時の歴史の記憶を思いおこし、

——乃公《だいこう》〔われ〕出でずんば

と血をさわがせたとしてもふしぎではない。

こうして張騫は応募した。

その張騫を引見した時の武帝は、しかしたんに心意気に感じてきめるというような、いわ

ばいいかげんなきめかたをしたのではなかった。すでに記したように、武帝は即位直後から広く天下に人材を求める詔を発していたが、詔に応じたもののなかには好ましからざる人物も多くいたのである。『漢書』東方朔《とうぼうさく》伝にいう。

「武帝が即位した当初、天下から徴《め》して方正・賢良・文学や才能力量のある士を選び、通例によらぬ特別の地位をもって待遇することとしたため、四方の士で上書して事の得失を論ずる者が多く、衒《てら》ってみずから売りこむ者が千をもって数えるほどであった。そのうち採るに足りない者は……すぐ止めて帰らせた」

ただ己を売りこむために奇を衒うだけで内実のないものは、武帝は採用を拒否しているのである。武帝はさまざまに策問して、張騫の人物と「異等の才」を見きわめ、それに信をおいて使節団長に任じたにちがいない。

だが、いざ命をうけてみると、さすがの張騫にも不安がわいてきたにちがいない。これから先、どのようなことがおこるだろうか。生還できるかどうかもおぼつかない。果して任を全うすることができるだろうか。

張騫はそれまでに学んだ書のなかから一つのことばを思いおこしていた。『論語』為政篇の一節である。

――子曰《いわ》く、其の鬼に非ずして之を祭るは諂《へつらい》なり。義を見て為《せ》ざるは勇無きなり

自分自身の祖先の霊（其の鬼）ではないものを祭るのは、諂いというものだ。利を求める

何かよこしまな心が、そこに働いているからだ。しかし、人としてなさねばならないこと（義）を知り、それを眼の前にしながら身を挺して行わないのは勇気がないということになる——

孔子はそう訓《おし》えている。今、自分のなかにはこの使節行によって私利を得ようなどという諂いの心はない。ただ匈奴を討って漢王朝を安泰ならしめようという帝の熱誠に応えようとする心に真っ直ぐ貫かれている。しかも、それをひきうけようとする人はほとんどいないというではないか。進取の気性にとんだ漢中出身の自分がそれを行わないのは、「勇無きなり」というものではないか——

こうして張騫は、いかなる事態がおころうとそれに耐えて武帝の信節を全うし、任を果そうと心にきめていた。昂ぶるものはなく、あくまで心静かであった。

第二章　第一次張騫出使——経過と成果

拘留十年、節を通す

武帝即位三年目の建元《けんげん》二年（前一三九）、張騫を団長とする使節団が月氏に向って出発した。この出発の年については、史書に明確な記載はないが、帰国が元朔《げんさく》三年（前一二六）であること、それが出発から実に十三年ぶりであったことが『史記』『漢書』にも明確に記されていることから逆算して割り出した年である。

使節団の陣立ては、従者百人余りであった。それが多いか少いか。なにしろはじめての西域への使節団である。どれだけの人数を従者につければよいか、見当もつかなかったにちがいない。のちに張騫による西域開通後、西域に向った使節団のなかには、三百人にのぼるものもあり、それからかえりみればけっして多いとはいえない。それでも一行には騎馬が従い、食糧や月氏への礼物を運ぶ馬車などが多く仕立てられ、人目につくものであったにちがいない。だが、長安出発の模様については、史書の記載はない。あの敦煌莫高窟三百二十三窟北壁に描かれているような武帝見送りの場面があったかどうかも定かではない。

漢代では勅使は皇帝が発給する信節を携行しなければならなかった。皇帝の信節を守り通して任務を果すことが「持節」であり、それをすてて変心することが「変節」である。張騫は十三年の苦難の西域行のなかで「持節」——節を守り通している。

張騫が携行した信節はどのようなものであったか。

一九七三年、甘粛省居延《きょえん》の金塔天倉烽燧遺址（漢代の対匈奴前進基地）から「張掖都尉棨《ちょうえきとい》信《けい》」が発掘された。張掖は漢が西域に通じる大道であった河西回廊《かせいかいろう》の要衝の一つで、都尉はその長官である。発掘報告によれば、この棨信は長さ二十一センチ、幅十六センチの紅地の絹に「張掖都尉」という官名を篆書《てんしょ》で記したもので、これをのぼりのように立てることで中央から派遣された使者であることを証明し、関の通過を円滑ならしめたのである。

もと匈奴の支配下にあった張掖を、漢が手中に収めたのは武帝の元狩《げんしゅ》二年（前一二一）であり、したがって「張掖都尉」が置かれたのもその時以降であり、発掘された棨信も同様にその時以降のものである。つまりは張騫出使以後のものということになる。

棨信そのものは、武帝以前から用いられ、皇帝から使者に発給されていた。たとえば『漢書』文帝紀（文帝は武帝の祖父）にも「伝」発給のことが出てくるが、この「伝」について初唐の有名な注釈家顔師古《がんしこ》は、

「古くは或は棨《けい》を用い、或は繒帛（絹織物）を用う」

とし、さらに、

「棨は刻木を合符とするなり」

と注解している。つまり、文帝のときの「棨」は木板に必要事項を記した割り符ということになる。

張騫が携行した信節も、そのようなものではなかったか。「張掖都尉棨信」のようなのぼりであれば人目につくが、「刻木の合符」であればひそかに携行することもできる。先に記したような史書の記載からすると、どうも張騫の出発には、あまり人目につかないように配慮された気配が感じられるのである。

ここで、張騫が出発したと考えられる建元二年という年は、武帝にとって如何なる年であったかをみなければならない。

先にも記したように、若き武帝は即位直後からつぎつぎと革新策をうち出した。だが、それはたちまち父祖伝来の守旧派の反撃に出会った。守旧派の首魁は竇皇太后《とうこうたいこう》（以下、竇后という）であった。竇后は文帝の皇后であり、武帝にとっては祖母になるが、文帝の時代はむろん、文帝亡きあとの景帝（武帝の父）の代にも、四十年にわたって専横をふるっていた。父祖伝来の黄老思想を旨とした竇后は、「罷黜百家、独尊儒術」をはじめとする武帝の革新策を快く思っていなかった。そして、明堂《めいどう》設立の件が武帝にたいする竇后の怒りを爆発させた。

明堂は、皇帝が政教の本旨を宣明するための礼堂として、儒家にとっては必需のものと考えられていた。儒家の考えによれば、皇帝は堯《ぎょう》・舜《しゅん》ら古代の聖王たちの盛業をうけつぎ、天命に順《したが》って太平盛世の世を実現することを宣言する典礼をとり行わなければならない。明堂はそのための場である。だが、秦代以降それは行われておらず、武帝の先代の景帝の代には復活がはかられたが、竇后の反対もあって実現に至らなかったのである。

武帝は明堂の設立と典礼制度の研究・整備を側近にひそかに進めさせた。だが、それは竇后の知るところとなり、怒った竇后は武帝がみずからの意志で組織した丞相竇嬰《とうえい》以下の閣僚たちを罷免あるいは投獄した。そして許昌《きょしょう》を丞相とする新内閣を任命した。新閣僚たちはいずれも竇后の息のかかった守旧派であった。それは一種のクーデターであり、実権は竇后に握られ、武帝は実質的には失脚の状態にあった。

建元二年は、そのようないわば大乱の年であった。実権派の竇后も新閣僚も、対匈奴策については消極的な守旧派であった。武帝による張騫出使も、竇后らの積極的な賛同・支持は得られず、せいぜい黙認程度にとどまっていたと考えるほうがしぜんであろう。

ともかく、『史記』にも『漢書』にも、出発の模様についての記述はない。両書とも、ただ「隴西郡《ろうせいぐん》」を出たと記しているだけである。

隴西郡は長安からおよそ五百キロ、現在の甘粛省臨洮《りんとう》一帯の地である。臨洮は黄河の支流で緑の硯石を産することで有名な洮河《とうが》に臨むことからその名がある。当時は万里の長城の西端をのぞむ地であり、つまりは漢土の西端であった。

臨洮から西北七十キロほどで黄河を渡ると、そこから西は匈奴の支配下地域に入る。むろん河西（黄河の西の意）への道は開けておらず、橋もなかった。山間部に入って激流となって流れ下る黄河をどのように渡ったのか。

現在、この地帯の人びとがふつう使っている渡河手段は羊皮筏子《ヤンピーファーズ》である。羊の皮袋をくりつけた筏《いかだ》である。

羊の頭と四肢の先を切り落したのち皮を剝ぎ、そっくり裏返して油を沁みこませて皮袋をつくる。そして頭と四肢の部分をしっかりとしばりあげ、尻から空気を吹きこむ。一方、何本もの柳の枝を縦横に組み合わせて木枠をつくり、それに羊の皮袋をいくつもくくりつけて出来上る。ふつうは長さ三メートル、幅一メートル五十センチほどだが、人数や荷物の多いときは、木枠をいくつもくくり合わせて大きな筏に仕立てる。

羊皮筏子は、しゃがんだ姿勢をとって木枠をしっかりつかんで乗るのがコツである。その姿勢で激流にのり出すには勇気ともいうべき心構えが必要だが、皮袋と皮袋の間のスキマが激流にたいするショックアブソーバーの働きをしているということで、予想よりは安定感があった。だが、そのスキマから容赦なく波しぶきがあがり、下半身がずぶ濡れになる。

馬の場合はどうするか。馬は泳いで渡らせ、人間はその尾につかまって渡る。いわば人馬一体の渡河法であるが、さすがにこの方法は試みることはできなかった。

羊皮筏子も「人馬一体法」も、今日の黄河上流地帯でしばしば目撃するところであるが、それは同時に古くからこの地帯に伝わる伝統的な渡河手段であるという。張騫一行も、おそらくはそのようにして黄河を渡ったにちがいない。それにしても百人余りの人数と馬車群では容易なことではなかったろう。

そうして黄河を渡れば、すぐに匈奴支配下地域であった。武帝の「信節」は効なく、いやむしろ、所持していることが身の危険につながる。一行は人目につかぬことを要求される。のちに、七世紀の初頭、インドに取経に赴いた玄奘三蔵《げんじょうさんぞう》は、国禁を犯しての旅であったがために「昼伏夜行」を余儀なくされている。あるいは張騫一行も昼はものかげに伏しかくれ、夜間に月光や星あかりをたよりに進んだのかも知れない。

食事はどうするか。

当時、軍隊の野戦用の携行食糧の主食は「糒（ほしいい）」と「糗（いりごめ）」であった。武帝の将軍李陵《りりょう》が匈奴と戦って包囲された時、一部の兵卒にそれぞれ糒二升と氷一片を与えて逃がそうとした話が『漢書』李《り》広蘇《こうそ》建《けん》伝に出てくる。もっとも糒といい糗といい、米とはかぎらない。当時、黄河流域では、米よりも大麦や粟が常食されていた。『太平御覧《たいへいぎょらん》』（宋の太平興国八年（九八三）、李《り》昉《ほう》らの奉勅撰で成ったもので、中国の歴代の諸事を総覧した書）巻五十に引用されている『三秦記《さんしんき》』によれば、

「河西に沙《さ》角山《かくざん》有り、……其の沙の粒粗《あら》く、乾糒の如し」とある。これは粟の糒と考えられ

る。

いずれにせよ糒は、ふつうは湯に入れ、いわばもどして食べた。今日風にいえばインスタント食品ということになる。だが、湯をわかすために火をおこすことが敵に自軍の所在を知らせることにもなる。そんな緊迫した場面では、そのまま糒をかじり水を飲むだけであった。

張騫はむろん細心の注意を払って進んだであろう。だが、百人余りの列隊であり馬車の列であろう。日中進めば砂塵も立つであろうし、全く人目をさけるというわけにいかなかったであろう。果せるかな、隴西郡を出てまもなくして匈奴の軍兵に捕えられた。『史記』大宛《だいえん》列伝はいう。

「隴西を出て匈奴領を通過した。匈奴はこれを捕えて軍臣単于《ぐんしんぜんう》のもとに送った」

このくだりの記述はこれだけである。『漢書』張騫伝も同様の簡単な記述しかない。単于《ぜんう》のもとに送られた張騫は、単于じきじきの尋問をうけた。張騫が目的を答えると、軍臣単于は言った。

「月氏、吾が北に在り、漢、何を以てか往《ゆ》きて使いをするを得ん。吾れ越に使いせんと欲せば、漢、肯《あ》えて我を聴かんや」

——月氏はわが匈奴の北にある。漢の使者が行こうとすれば、わが領内を通らなければならず、そんなことができようはずがない。もし、自分が漢の南方の越に使いしようとしたら、漢は自分の意のあるところを聴き入れてくれるだろうか。同じことではないか——

というのである。

こうして張騫は匈奴の地に拘留された。当時、漢と匈奴はともに相手の使者を拘留するのを常としていた。

拘留は十年に及んだ。その間、張騫にとって大きな力となったのは、従者の甘父《かんぽ》であった。

甘父は堂邑《どうゆう》侯陳午《ちんご》の奴僕《ぬぼく》をしていた。主人の陳午は館陶《かんとう》長公主の夫であり、館陶長公主は文帝の娘で武帝のおばに当る。かの女は、景帝の皇太子冊立をめぐって漢王朝内で暗闘があった時、武帝を皇太子に冊立するために動いた人物である。そして武帝の最初の皇后陳后は陳午と館陶長公主の間の娘である。さきにも記したように、即位直後に竇后ら守旧派の反撃にあっていた若き武帝にとって、館陶長公主は何かと頼りにせざるを得ない存在であった。武帝は長公主にたのみこんで、奴僕の甘父を張騫の従者にのぞんだのである。なにしろ甘父は匈奴の出身者であり、人柄も誠実であった。甘父ならことばも通じるし、道案内も可能だろうとふんだにちがいない。

その後の経過を見ると、武帝の目にくるいはなかった。

軍臣単于との会見で、甘父は通訳をつとめたであろう。そして匈奴の風習について知るところから、単于との会見に当って礼を失しないようとり計らったであろう。

『史記』匈奴列伝に、つぎのような記述がある。

「匈奴の法では、漢の使者はその節を捨て、顔に入れ墨したものでなければ単于の穹廬（幕舎＝筆者注）に入ることを許されなかった」

この時の匈奴単于は烏維《うい》といい、軍臣単于の二代あとである。漢の使者は武帝が送った王《おう》烏《う》というもので、王烏は匈奴の法に従って武帝の節を捨て、顔に入れ墨をして烏維単于に会うことを許されている。

あるいは軍臣単于の時には、そのような法はなかったのか、張騫は「漢の使者の節を身につけて失わなかった」（『史記』大宛列伝）。また、入れ墨をしたという記述は、『史記』『漢書』ともどこにも見当らない。もし、烏維単于の時の法が匈奴古来のものであるとすれば、甘父が事前にそれを知っていてうまくとりなしたのかも知れない。

ともかく、張騫は拘留十年の間、節を守り通している。

それにしても十年という長い歳月である。どのようにすごしたのであろうか。

この点についても、『史記』『漢書』とも記述はきわめて簡単で、ただ、

——胡妻（匈奴人の妻）が与えられ、子もできた

というのがあるだけである。

匈奴が拘留した漢の使者に、いわば現地妻を与えるというのはめずらしいことではない。

そのねらいは、妻子をもつことで使者が現地に馴じみ腰をすえ、故国を忘れ、節を捨てるで

あろう、という点にある。むろん、衣食住は保証される。

もっとも、この衣食住がクセものである。漢民族と匈奴ではまるで異り、ために馴じめずに苦しんだものもいる。のちに張騫の働きによって漢が烏孫《うそん》と通じた時、和親のしるしとして烏孫王に政略結婚で嫁せしめられた江都王《こうと》劉建《りゅうけん》の娘劉細君《りゅうさいくん》（通称、烏孫公主）もその一人であった。かの女は己が不運を嘆いて一詩を残している。「悲愁歌」であるが、その一節にうたう。

穹廬を室と為《な》し　旃《せん》を牆《しょう》と為す
肉を以て食と為し　酪を漿《しょう》と為す

——家は穹廬＝パオであり、その壁は毛氈（旃）である。食は肉、それも羊肉であり、飲みもの（漿）は乳製品がもっぱらである——衣食住の生活習慣がまるでちがうのだ。烏孫公主は、こうした環境で、常住坐臥、片時も故郷を思って胸がはりさけんばかりだと悲嘆にくれたあと、こう結んでいる。

願わくは黄鵠《こうこく》と為りて　故郷に帰らん

――もし白鳥になることができれば、すぐにも故郷に飛んで帰りたい――この最後の一句は、後世、中国でもそして日本でも、切なる望郷の念を表わす語として伝えられている。

今日でも、同じ中国と言っても、甘粛省までの漢民族居住地区と、その西の少数民族居住区の新疆《しんきょう》ウイグル自治区では衣食住の生活習慣がまるで異る。「シルクロード」の日中共同取材班のなかでも、それに馴じめずにいらだっている中国側の漢族スタッフもいた。

さて、張騫であるが、かれにはそうした気配はなかったようである。匈奴の生活習慣に通じた甘父がいろいろとアドバイスしたこともあったろうし、また何くれとなく面倒を見たこともあったろう。だが、やはり張騫の人となりがあずかって力あったと思われる。

『漢書』張騫伝はいう。

「騫は生来、堅忍不抜の志と寛大な心をもち、よく人を信じ、蛮夷に愛された」

生活習慣やものの考え方の異る異境にあって、争いなく事を成就し志を遂げるうえで、これは必須の資質というべきであろう。

このことは今日でも変りない。「シルクロード」の取材中、こんな場面があった。

『西遊記』に、三蔵法師一行が出会った難所として火焔山《かえんざん》が出てくる。その有名な火焔山の麓に開けたトルファン盆地は、現在世界有数のブドウの産地である。八月の末はブドウ摘みの最盛期となる。その模様を撮影すべく現場に着いて見れば、現地のウイグル族の女性たちが色あざやかな民族衣裳を着て作業をしている。いろとりどりの、いわゆる矢絣《やがすり》文様を織り出した絹のワンピースを着ている。中国側の漢族スタッフがクレイムをつけた。こんな晴着のようなものを着て作業をするわけがない。撮影用に準備したものではないか。われわれは自然な姿を撮りたい──むろん私たち日本人スタッフにしても思いは同じであった。だが、現地のウイグル族案内人は、これがふだん着で自然であり、作為はないという。しばらく論争があったが、ともかくも撮影を終えた。そして宿舎への帰途のことであった。

今、ブドウと並ぶトルファンの主要作物は小麦である。あちこちに、春播き小麦の緑の畑がひろがり、沙漠のオアシスが実感される。オアシスは、中国語で「緑洲《リュイチョウ》」という。緑の洲《しま》である。そのなかで、ウイグル族の女性が作業をしている。見れば、やはり色あざやかな矢絣文様の服を着ているのである。それを見やりながらウイグル族案内人は、あれは撮影を前提にしたものではなく、つまりは、この辺りでは自然の姿だと言う。取材班は日中ともども納得したのであった。

これは、いわばささいな誤解である。だが、それがたびかさなれば相互不信が広がり深くなる。やはり相互理解のためには、「よく人を信じ」ることが必要であろう──沙漠のオアシスでの取材のなかで、私はしきりに張騫のことを想い起していた。

さきの『漢書』の記述にもあるように、漢は異民族を「蛮夷」とみなしていた。礼を知らぬ、つまりは文化の未開なもの、というわけである。

漢王朝は馬蹄のひびきに戦《おのの》きながら、しかし、その使者たちは匈奴を蛮夷とみなしてい

とが想起される。そうした時代風潮のなかで、きわだって対蹠《たいせき》的な言動をとった人物として、中行説《ちゅうこうえつ》のことが想起される。

中行説は武帝の祖父文帝の時の宦官であった。

文帝は匈奴との和親のために、時の老上稽粥《ろうじょうけいいく》単于に諸侯の娘の一人を公主（皇帝の血縁につづく女）と称して嫁せしめ、中行説をその傅育官、いわば侍従として匈奴に送った。

匈奴に入った中行説は、「直ちに単于に降ってその臣下となり、単于にたいへん寵愛された」（『漢書』匈奴伝）。

その後も、漢王朝からはことあるごとに使者が匈奴に送られた。その漢使に会う衝に当ったのが中行説である。漢使はしばしば「匈奴蛮夷論」を展開する。中行説はそれに反論する。そのさまを伝える『漢書』匈奴伝のくだりは、生き生きとして興味深い。たとえば——

ある時、漢の使者が匈奴には老人を賤める風があり、つまりは儒家の礼を知らぬ蛮夷のことだと言う。それにたいして中行説は言う。

——お前たち漢の方でも、子が出征しようとすれば、親は衣食をさいて子に与え、みずからは賤につき、それをだれもが善としているではないか。遊牧を業とする匈奴は戦いも多く、ために戦闘のできない老弱よりも壮者を尊ぶのであり、それを礼などによってごまかしかくさないだけだ——

では、と漢使が言う。匈奴では父が死ねばその妻を子や孫が、兄弟が死ねばその妻を他の兄弟が娶る。これは蛮風ではないか、と。

中行説は言う。

――匈奴では家系が絶えるのをもっとも悪とする。なぜなら、風土きびしい地で遊牧するのに、生命をながらえるのは易きことではないからだ――

しかし、なによりも衣冠束帯の礼装も、朝廷の礼式もないではないかと漢使が言うのにたいして、中行説は言う。

――なるほど匈奴では法制は確立されていない。だが、簡潔で直截であるだけにわかりやすく実行しやすく、君臣の間も気軽で永つづきする。漢は礼式をもってうわべを飾っているが、親属は疎遠となり、ひいては殺しあい、さらには革命によって帝位が覆されるではないか――

そして、とどめに、

――漢人よ多弁を弄するな。冠を着けていたとて何の益があろう――

と言うのであった。

むろん、どちらが正しいというのではない。また、匈奴でも子が父を殺し、兄弟相対立する争乱もあって、事態は必ずしも中行説が言うように理想的には展開していない。だが、一方的に匈奴を「蛮夷」と見る当時の時代風潮にたいして、匈奴の生活習慣や礼制にも歴史的風土的基盤があり、それを認めようとする立場に立っていることに注目したいのである。そこには、今日風に言うならば、少くとも文化の優劣を経済力の大きさや、ましてや武器の優劣では量らない、真の文化論、ひいては真の相互理解の端緒というべきものがある。己を絶対的正義とするのではなく、価値の多様性、相対性を認める立場に立てば、今日の国家間・民族間の紛争や戦争も多くは起りえないであろう。

それはともかく、中行説はむろん漢王朝から見れば投降者であり変節漢である。張騫もそのことは先例として聞き知っていたであろうし、あるいは武帝からじきじきに、あるいは周囲のものから言われていたにちがいない。

——汝、中行説になる勿《なか》れ！

張騫は節を守り通した。その点では中行説と対極の立場に立った。だが、拘留十年の間に、しだいに匈奴の風に親しみ、理解をもつようになったにちがいなく、そんな時、中行説の言説にひそかに首肯するところがあったにちがいない。ともあれ張騫は「寛大な心をもち、よく人を信じ」、だからこそ「蛮夷に愛された」のである。異境にあっては、それはなまなかな心がまえでは現実のものとはならない。

拘留十年の間、投降の誘いもうけたであろうし脅迫もあったであろう。使者にたいしてそのように扱う例は枚挙に遑《いとま》はない。妻子もいれば気力が挫けることもあったろう。そんな状況のなかで、張騫の脳裡には、『論語』子路《しろ》篇のつぎのようなくだりがよぎっていたかも知れない。

ある時、子路が真の「士」とはどのような人物をいうのかと孔子に問うた。それに答えて、

——子曰く、己を行うに恥有り。四方に使いして、君命を辱かしめず

自分の行動について恥ずべきところがないかどうかを吟味し、使者として遣わされたら、出発に際して君主からうけた命を汚すことなく相手に伝え使命を全うすること。それが、「士」たるもののまず第一の条件だというのである。

子路は、もっとほかにも条件があるでしょうと師にくいさがった。それにたいする孔子の答えのなかに、

——言は必ず信、行《おこない》は必ず果

というくだりがある。言葉には必ず信頼がもてる、行動は必ず果敢である、そういう人物こそ「士」だというのである。

「士」は武士の謂ではなく、すぐれた官吏という意で当時は用いられていた。張騫はそのような「士」たることを己に課したにちがいない。

——言は必ず信

という点では、鑑とすべき先人がいた。恵帝の時、中郎将（近衛軍副司令官）として仕えた季布《きふ》である。

季布は秦末の混乱のなかで、項羽に従って転戦していた。季布は楚の出身であり、項羽が

同郷の名門の出であったからだ。やがて項羽と劉邦の決戦で項羽が敗れると、項羽との結盟を重んじて漢に従い出仕することを潔しとせず濮陽《ぼくよう》（河南省）の豪族周氏のもとに身をよせる。

一方、劉邦は項羽の残党が再び実力をたくわえて叛乱を起すことを恐れた。とくに季布を恐れた。もともと信義を重んじる遊侠として知られ、人望を集めていたからである。ために季布の首に莫大な賞金をかけて捜し求め、もしかくまうものがあれば罪は三族（父母、兄弟、妻子）に及ぶとした。かくまっている周氏は、ある日、季布に言った。

「すべてを自分にまかせよ。もし、私を疑うのであれば、この場で自刎《じけい》（みずから首を刎《は》ねる）せよ」

季布は答えた。

「諾――わかりました。あなたにすべてをまかせよう」

以後どのような危急がおころうと、季布は一たび「諾」と言った己が言を守り泰然として周氏にすべてを託した。そこから、

――季布に二諾無し

という語が生れ、信義を守ることのたとえとして後世に伝わった。

まかされた周氏は、つてを求めて漢王朝の実力者に通じ、それを通して高祖劉邦を説得した。

「季布が最後まで項羽に従ったのは義を守るためであり、今また世を避けているのはまさに信節を尽すことのあらわれである。季布こそ真の士というべきであり、賞金をかけて首をねらうほど実力を認めるならば、よろしく登用すべし」

高祖は説得をうけ入れ、季布を登用した。投降者としてではなく、真の士としての実力を買っての登用であった。そして、恵帝の代に季布は中郎将に至ったのである。その間、王朝内にあって正直《せいちょく》なる諫言、進言をなす士として重きを置いた。そこから、

――黄金百斤を得るは、季布の一諾を得るに如かず

という語が生れ、後世に伝えられた。

張騫は危急の際に季布のことを思い起していたにちがいない。武帝の命にたいして、一たび「諾」と言った己が言葉に違うことなく信節を守り、「君命を辱かしめず」――それを全うしなければならない、と。

危機に臨んだ時や、何らかの策をたてなければならないような時、歴史の先例や先人の言動に学ぶことは、中国古来の、そして今日も変らない知恵である。長い拘留中の張騫にも、そのような場面がなんどもあったはずである。

こうして、匈奴に拘留されて十年がたっていた。張騫の人となりが、しだいに匈奴の警戒をゆるめていた。そして妻もいれば子もできた。『史記』大宛列伝は、「匈奴人の間に居住していて、取り締りがますます寛大になった」

と記している。張騫はそんななかで、ひそかに脱出の機会をねらっていた。

その頃、漢と匈奴の間では新しい状況が生れていた。

まず、漢の国内では、対匈奴弱腰外交など父祖伝来の「清静無為」の策もあり、またとくに文帝以来の「農は国の本」とする施策もあって、国力は充実に向っていた。そして、王朝成立以来七十年、武帝即位のころには、

「国家は無事で、水旱の災害がないかぎり、民は人ごとに給《た》り家ごとに足り、都邑や田野の稟庾《こめぐら》はことごとく充実し、国の府庫《くら》は財宝を蔵《しま》い余すほどであった」（『漢書』食貨志・小竹武夫訳）

武帝は、この充実した国力を背景に父祖伝来の政策を改めて対匈奴反転攻勢を発動しようと考えたのである。ともあれ、曽祖父、高祖の屈辱を今こそ晴らさなければならない。

「高皇帝、朕に平城の憂を遺《のこ》す。……昔、斉の襄公《じょうこう》、九世の讎《あだ》を復す。春秋、之を大なりとす」（『史記』匈奴列伝）

——高祖（高皇帝）は自分にあの平城での敗戦という遺恨を遺してくれた。あの春秋の斉の襄公は父祖九代にわたる讎《あだ》を晴らし、孔子は『春秋』でそれを立派なことだとしている。自分もそれに倣わなければならない、というのである。

これはのちの太初《たいしょ》四年（前一〇一）、匈奴追討のために下した武帝の詔の一節であるが、これこそ即位以来、武帝のなかに一貫していた思いであった。張騫を月氏に使いさせたの

も、そのためであった。

だが、出発してからすでに十年もたったというのに張騫は帰ってこない。おそらくは匈奴に捕えられ、投降したか殺されたかしたのであろう。今や月氏との同盟成立、そのうえでの匈奴挟撃という時を待っているわけにはいかない。目の上のタンコブともいうべき守旧派・実権派の頭目であった祖母の竇后《とうこう》もすでに亡い（建元六年＝前一三五年没）。叛服常なかった長江下流域以南の「蛮夷」もほぼ平定した。今こそ、張騫の帰国を待つまでもなく匈奴を討つべきだ——

こうして、張騫が出発してからちょうど十年目の元光《げんこう》六年（前一二九）、武帝は漢王朝成立以来はじめての本格的な対匈奴作戦を発動した。青年将軍衛青《えいせい》（武帝の二番目の皇后衛子夫の弟）を大将軍として四万の大軍を、オルドスを中心に四方面にわけて進撃させたのである。

この元光六年の出撃は部分的には勝利したものの大局的には敗北であった。武帝は翌元朔元年、ふたたび衛青を大将軍に命じて、三万騎を雁門郡《がんもん》（山西省西北部）から出撃させ、匈奴の首級、捕虜数千を得た。漢王朝成立以来、対匈奴戦で得たはじめての勝利であった。そして翌元朔二年、三たび衛青を出撃させて勝利し、秦の勇将蒙恬《もうてん》以来、八十七年ぶりにオルドスの地を回復した。

こうした新しい状況が、拘留中の張騫に有利にはたらかないわけがない。匈奴は漢の攻勢の対応に追われ、ために混乱も生じ、それが張騫にたいする監視、取り締りをゆるめる結果につながったにちがいない。

しかも、

「匈奴の西部に住んでいたのを幸い」

と『漢書』張騫伝は記している。

匈奴は遊牧民族である。水と草にめぐまれた、牧畜に有利な地を求めて移動する。単于もまた中国の皇帝のように都城を営むことなく、その王庭は移動する。拘留十年の間に単于の王庭は西に移動し、それに伴って張騫も西に遷されていたのだ。匈奴によって西に追われたという月氏に使いする身にとって、これが幸いでなくてなんであろう。

脱出の機は熟した。

――行いは必ず果敢でなければならない。孔子も士たるものの条件としてあげているではないか。かくして、

「騫はそのともがらとともに逃亡して月氏に向った」（『史記』大宛列伝）

はじめて飲んだ葡萄酒――パミールを越えて

『史記』にいう「ともがら」は、漢土を出発したときは百余人であった。しかし、拘留十年

余の間に、スキを見て逃げ去るものもあったであろう。じしん、拘留中の身であってみれば、張騫とて追うことはできなかったし、たとえ追うことが許されたとしても、そうはしなかったであろう。自分のもとを逃げ去るようなものは、これからさきの苦難の旅のなかでは役に立たないものたちなのだ。第一かれらの多くはもともと信をおけないものたちなのだ――

『史記』『漢書』の記載によれば、武帝が対匈奴戦に発動した数万の大軍のうち、中核は漢の正規軍であるが、多くは各地の「不良の徒」であり「徒刑囚」であった。そうしなければ、たびかさなる大軍の数は揃えられなかったし、一望千里の空漠たる沙漠での戦いには荒くれ男たちが必要であった。出陣とひきかえに刑を免ぜられたものは、やがて戦功をあげれば出世の糸口をつかめるかも知れない。かれらが働けば一石二鳥、一挙両得である。

張騫一行百人の多くも、そうしたものたちだったにちがいない。何しろ前人未踏の霧につつまれた異域へ行くのだ。まともなものは尻ごみし、頭数は揃わなかったであろう。

――去るものは追わず――張騫は寛大な心で泰然としていたであろう。

しかも、匈奴の拘留を脱したあとは、むろん人目をしのんだ潜行の旅となる。一行は少数精鋭でなければならない。張騫は拘留中にも逃亡せずに残ったものたちの言動をつぶさに観察し、そのなかから信をおける身体強健のものを選び、己が計画をうちあけて脱出したのである。そのなかに甘父がいたのはむろんであった。

一行はひたすら西をめざした。だが容易にめざす月氏の地には着かなかった。

それもそのはずであった。すでに記したように、もと河西回廊の西部にあった月氏は冒頓単于の匈奴に決定的な打撃をうけて西に追われ、いったん天山北麓のイリ地方を中心にする地に遷った。だが、冒頓単于の孫の軍臣単于《ぐんしんぜんう》は再度月氏を討って、さらに西の葱嶺《そうれい》以西の地に月氏を追いやっていた。かねて河西の東にあって月氏と境を接して宿敵の間柄にあった烏孫を、軍臣単于がそそのかした結果である。

それはちょうど張騫が匈奴の地に拘留されている時のことであった。これは、この第一次出使の時に張騫が至った月氏が葱嶺の西の中央アジアにあったことから逆算すればわかる。あるいは、張騫が同盟を結ぶために月氏に赴くことを知った軍臣単于が、そうはさせじと、漢と月氏との間を離間させるために烏孫をそそのかして月氏を西へ追ったのであろう。ともかく、イリ地方には月氏に代って烏孫が居を占めていた。

問題は、この月氏の葱嶺ごえのことを、張騫が知っていたかどうかである。『史記』大宛列伝によれば、拘留を脱した張騫は、「西走数十日、大宛に至る」のである。もし張騫が月氏葱嶺ごえのことを知らず、なお月氏が天山北麓のイリ地方にいると信じていれば、道を北あるいは北西の天山ごえにとらなければならない。だが張騫はそうはせず、ひたすら道を西にとった。あるいは、拘留中に軍臣単于の側近のものから月氏の再西遷と葱嶺の向うの中央アジアへの移転を聞き知っていたにちがいない。だからこそ天山の南麓沿いに西をめざして葱嶺ごえを計ったのである。それは、まさに張騫出使後繁栄をみた漢代の北道（南道は鄯善《ぜんぜん》からタクラマカン沙漠の南縁を行く）であり、それはまさに葱嶺をこえて、旧ソ連領ウズベク共和国〔現ウズベキスタン共和国〕のフェルガナ地方にあった大宛国に至る道であった。

それにしても、と張騫は思ったにちがいない。めざす月氏はさらに遠ざかっていたのだ。だが、もち前の「堅忍不抜」の精神で武帝の信節を守ろうとする張騫であった。

天山山脈の南麓も多くは沙漠の道である。しかも、匈奴の目をのがれて身をかくす旅である。道中の食糧は拘留中に監視の目をぬすんで少しは蓄えていたであろうが、それも不足がちになり、飢えに悩まされる。そんな時、力となったのが甘父であった。かれは、

「弓が上手で、困窮したときには禽獣を射て食用に供した」

と『漢書』張騫伝は伝えている。

じっさい沙漠のなかでも思いもかけず野生の鹿や鳥に出会うことがある。「シルクロード」取材中に、私も体験したところだ。張騫はそうした禽獣の存在と匈奴出身の甘父の弓の腕前のおかげで、飢えをしのぐことができたのである。

こうして一行は、ようやく葱嶺の麓に達した。

葱嶺はパミールの中国名である。六世紀北魏の酈道元《れきどうげん》が撰した古代地理書『水経注《すいけいちゅう》』巻二に引用された『西河旧事』によれば、

「葱嶺、敦煌の西八千里に在り、其の山高大にして、上に葱を生ず、故に葱嶺と曰《い》うなり」とある。つまり野生の葱が生えている山ということから「葱嶺」と名づけられたというのである。そうだとすれば、山越えの旅をするものにとって、少しは飢えをしのぐに利するところがあったかも知れない。

だが、その山越えはまことにシルクロードの難所であった。パミールは、天山、カラコルム、ヒンズークシの三大山脈が集まる所に形成された高地である。最高峰は七千五百メートルを超え、平均高度も四千メートルに達する峨々《がが》たる峰が連なる世界の屋根である。張騫が如何にして越えたか、史書には記述はないけれども、後世の記述から、その困苦は十分うかがい知ることができる。

張騫がシルクロードを開拓した後、西域諸国の使者が陸続として漢にやってきた（この間の事情は次章で詳述する）。武帝の四代のちの成帝の時、罽賓《けいひん》（現在のパキスタンの北にあった国）から使者が来た。この使者を漢としてどこまで送りかえすかで廷臣たちの意見がわかれた。罽賓国まで送りかえすとなれば、葱嶺を越えなければならない。廷臣の一人杜欽《ときん》が「葱嶺を越えるとなれば」と言った。

「たとえ強力な漢の節《はたじるし》を擁しながらも、山谷の間に飢え、求めても食を得るところもなく、十日か二十日も経《た》てば人畜とも曠野に見捨てられて帰れません。また人が大頭痛《だいとうつう》・小頭痛の山や赤土・身熱の阪を越えれば、毒気により発熱して生気がなくなり、頭痛嘔吐を催さ

せます」（『漢書』西域伝）

今日風にいえば後段は高山病の苦しみとそれにたいする恐れを訴えているのである。杜欽は、だからパミールの麓まで罽賓の使者を送ればよいというのであり、成帝はそれを採用している。

七世紀はじめ、唐の玄奘三蔵はインドに取経に赴く往路でパミール北部を越え、旧ソ連領キルギス共和国〈現キルギス共和国〉のイシククル湖に入った。そのパミール越えの困難を『大唐西域記』巻一でつぎのように記録している。

「山や谷の積もった雪は春や夏も凍結していて、時に融けることがあってもまたすぐに結氷してしまう。道筋は険阻で寒風はすさまじく、……砂は飛び石は雨のごとく、遭遇するものは命を亡くすこともあり、生命を全うし難い」（水谷真成訳）

一九八〇年八月中旬、「シルクロード」日中共同取材班はパミール南部の峻嶮《しゅんけん》にわけ入り、タシュクルガンをめざした。漢代の蒲犂《ほり》国のあった地であり、現在はパキスタンとの間で辺境貿易が行われており、新疆のカシュガルから中巴（パキスタンは中国語で巴基斯坦と表記される）公路が通じている。

八月とはいえ高地の寒冷に備えて防寒服に身をかためた取材班をのせたジープの車窓に氷河が見える。手にとどくほどの距離であり、『大唐西域記』の記述が真に迫る。公路とはいえ、舗装をしていない石だらけの山道が多く、しかも急カーブの道がつづく。突然、道路脇のきりたった断崖から落石があって、ジープのフロントガラスを直撃し、そのはずみで車は路肩をふみはずし辛うじて停った。幸いに数名の負傷で人命に別条はなかったけれども、玄奘のいう「飛砂雨石」もこのようにして襲ってきたものにちがいない。

以上の記録は、いずれも張騫によるシルクロード開拓以後のものである。史書には、張騫がパミールのどの辺りをどのようにして越えたかについて何の記述もないが、さきに記したように漢代北道を通ったとすれば、現在のカシュガルから山越えをしたことになる。ともあれ、ほとんど何の予備知識もない、手さぐりの、まさに「鑿空《さっくう》」とよぶほかない旅であり、その困難は想像に難くない。

張騫はもち前の堅忍不抜の志でパミールを越えたのであろう。匈奴の拘留を脱してから「西走数十日で大宛国に着いた」のである。

張騫が故国を発ってから苦節十年余、ようやくたどりついた国も月氏の地ではなかった。しかし、そこは物産ゆたかな大国に見えた。『漢書』西域伝によれば大宛は、

「長安を去ること一万二千五百五十里。戸数六万、人口三十万、兵六万人」

というのであり、当時の西域諸国のなかでは大国であった。

気候・風土はさきにあげた罽賓国に似ていた。すなわち、

「土地が平らかで温和で……稲を生じ、冬でも生野菜が食べられる」

というのである。長安を含めた黄河流域の華北では当時はなお稲の栽培はほとんど見られ

なかった。また、冬季には野菜が不足することは今日も変りがない。長らく長安にあった張騫は大宛の気候のおだやかさとゆたかな野菜などの物産に目を瞠《みは》っていたのだ。

やがて、今まで見たこともない物産があることを知った。

「大宛の附近は蒲陶《ぶどう》で酒を造るが、金持は酒を蔵して一万余石にも達し、貯蔵の久しいものは数十年を経ても腐敗しない。風俗として酒を嗜《たしな》み、馬は苜蓿《うまごやし》を嗜んだ」（『漢書』西域伝）

大宛には「善馬」が多いことも知ったのである。

張騫にとって幸いだったのは、漢が物産ゆたかな大国であることを大宛の王が知っていたことであった。おそらくは西走した月氏から聞き知っていたのであろう。そして、漢と交通したいとのぞんでいたが、それを果す手がかりがなかったのである。

張騫一行は大宛王に喜んで迎えられた。篤いもてなしをうけた。そのなかで、むろん「蒲陶酒」も供されたことだろう。

生れてはじめて飲んだその酒は、まさに美酒であった。

——この世にこんなうまい酒があるのか

こんな美酒を大宛の富者は大量に貯え、しかもそれが数十年たっても腐敗しないというのか。それに比べて、漢の酒は度数が低く、ために変質し保存がきかない（この間の事情は、林剣鳴《りんけんめい》他編著『秦漢社会文明』・一九八五年・西北大学出版社にくわしい）。うすいくせに、酸味がツンと鼻をつく。それにたいして、この「蒲陶酒」のまろやかさ、ほのかな甘みはどうだ——張騫は陶然として、それまでの労苦が洗われるようであった。

　そんな張騫の耳に、大宛王の声が入ってきた。

　——そして、そなたはどこに行こうというのか？

　張騫はその声に卒然として己が本来の使命を思い起して答えた。

「漢のために月氏に使いしようと思ったのですが、匈奴に道を閉ざされてしまいましたので、逃亡してきたのです。どうか、王には、案内者に命じてわたくしをおくらせてください。わたくしが月氏に到着して漢にかえることができますならば、漢は王に申しあげられないほどたくさんの財物を贈ることでしょう」（『史記』大宛列伝・野口定男訳）

　大宛王は張騫の人となりに信をおけると見た。そして、張騫の言をもっともだとして月氏

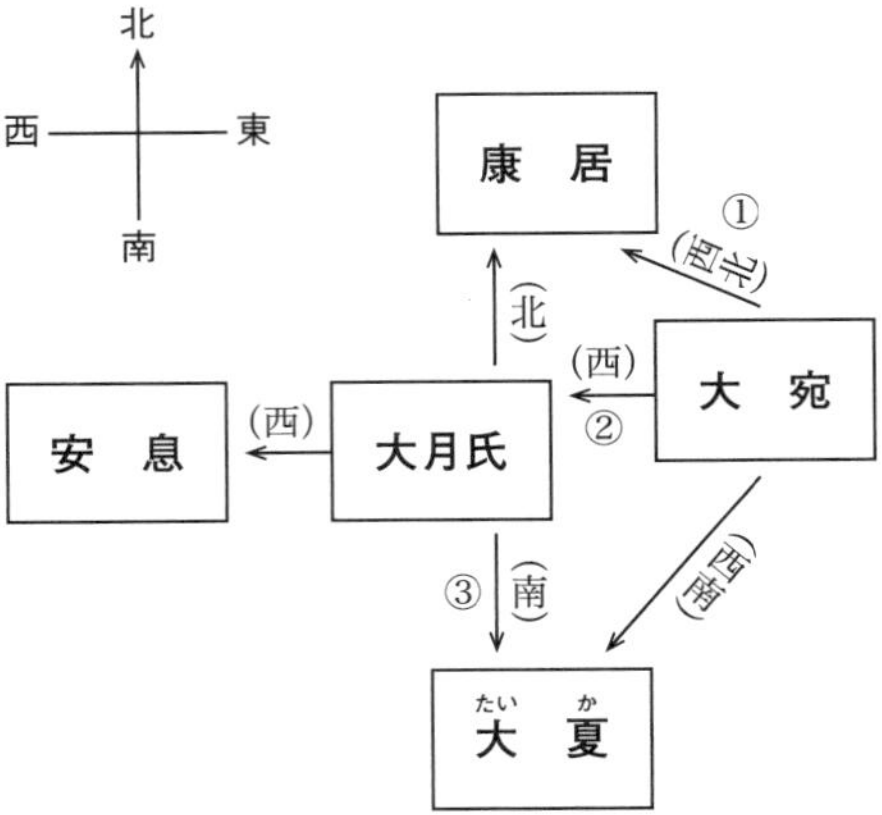

パミール以西の位置関係　①2000里、②700里、③2000里余　※漢代の1里＝約400m。（『桑原隲蔵全集』第3巻より）

に送ることを承諾した。そして、月氏に行くには、まず大宛の西北に接する康居《こうきょ》国に至り、そこから月氏に通じるのがよいとした。

ところで、当時のパミール以西の西域諸国の位置関係はどうであったか。ここでは、明治の碩学桑原隲蔵が『史記』大宛列伝と藤田豊八（明治の西域学者）の所説をもとに作成した図を掲げよう。

このうち大宛は旧ソ連領ウズベク共和国（現ウズベキスタン共和国）のフェルガナ地方にあった。それを起点として大宛・康居間は二千里、大宛・大月氏（＝月氏）間は七百里、大宛・大夏《たいか》間は二千余里であった。また安息《あんそく》は月氏から数千里であった（以上、『桑原隲蔵全集』第三巻「東西交通史論叢」・岩波書店から）。因みに漢代の一里は約四百メートルであった。また、『史記』大宛列伝の記述は主として張騫の第一次出使後の武帝への報告にもとづいている。

こうして、大宛王は通訳と案内人をつけて、まず張騫一行を康居に送りこんだ。

ここで、大宛王は何故、張騫一行を直接月氏に送らず、まず康居に導いたのか。これについて史書には明確な記載はないが、『史記』大宛列伝によれば、康居は「大宛の隣国であり、南は月氏に服属しています」と張騫は報告している。これをみると、当時、大宛と康居は友好的な隣国であり、大宛王としては張騫をまず康居王に引見させ、つぎに康居が月氏に服属している関係を利用して康居王に張騫を月氏に送らせようとしたのではないかと思われる。康居は旧ソ連領キルギス共和国からカザフ共和国〔現カザフスタン共和国〕にかけての地にあった。そして人びとは土着せず、つまり放牧を主たる生業として、その習俗は月氏に非常によく似ている、と張騫は報告している。

ともかく、張騫は康居王によって月氏に送りこまれた。

張騫はついに本来の目的地である月氏国に着いたのである。だが、結論から先にいえば、月氏と同盟して匈奴を挟撃するという第一の目的は実を結ばなかった。

月氏は、最初に匈奴によって河西の故地を追われたころは、あの投降者が武帝にもたらした情報のように、匈奴にたいして恨みを抱き、報復の機会をうかがっていた。だが、月氏が匈奴によって故地を追われたのは武帝の祖父文帝の四年（前一七六）のことであり、張騫が月氏にたどりついた時にはほぼ五十年の歳月がたっていた。

その間、月氏では匈奴に殺された王の未亡人が王として立って国内をとりまとめていた。しかも、現在の地である嬀《ぎ》水《すい》（オクサス河）北岸のサマルカンド地方は、土地も肥沃で物産がゆたかである。また、南の大夏国をも臣従させていた。大夏も物産ゆたかな大国であったが、商業・交易を立国のもととし、戦闘には弱かったので、相対的に武力の強い月氏に従っていたのである。

こうして月氏は国力が安定、充実し、戸数十万、人口四十万、兵十万を数える当時としては大国となり、大月氏と称していた。大夏を従えて隣国から侵攻をうける気づかいもなく、安楽の日々を送っており、ために匈奴への報復の志は、すでに消えていたのである。

張騫は大夏にも足をのばし、月氏説得の応援をたのんでみたが不調であった。

かくして滞在一年にして帰国の途につくことになった。月氏との対匈奴同盟という所期の目的は達せられなかったが、滞在中に訪れた国々での見聞はむろん、訪れることができなかった周辺諸国についての情報も手に入れ、しっかりと脳裡に焼きつけていた。それをもとにした帰国後の武帝への報告が、中国の西域諸国への眼を一挙にひらかせ、シルクロード開拓の巨大な第一歩となったのである。

十三年目の帰国と報告

帰国に当って、道をどのようにとるかが大問題であった。

往路と同じ道を行けば、再び匈奴に阻まれるのは必定であり、長期にわたって拘留される恐れがある。それどころか、脱走の科《とが》を問われ、どのような処分があるやも知れない。そこで、

「南山《なんざん》に沿い、羌《きょう》族の地を通って帰ろうとした」(『史記』大宛列伝)

のである。

南山は漢代における崑崙《こんろん》山脈のよび名である。崑崙は新疆ウイグル自治区の南縁に東西お

よそ二千五百キロにわたってつづく山脈で、平均海抜五千メートル、西はカラコルム、ヒマラヤに連なる世界の屋根である。その北麓には、日本全土に匹敵するほど広大な死の沙漠タクラマカンが広がっている。

南山＝崑崙とタクラマカン沙漠にはさまれたルート沿いに、西から東へ于闐《うてん》（ホータン）、精絶《せいぜつ》（ニヤ）、且末《しょまつ》（チェルチェン）、婼羌《じゃくきょう》（チャルクリク）などの小規模な、今日でいえば町や村ていどの規模のオアシス国家が点々と連なっていた。もっとも、そうした国々の存在が中国に知られたことじたい張騫の帰国後の武帝にたいする報告があって後のことである。張騫じしんは恐らく月氏滞在中に聞き知ったのであろう。

ともかく張騫は再び葱嶺の峻嶮を越えて、南山北麓沿いのルートを東へ向った。

今日の日本で西域南道とよばれるこのルートは、張騫以後開かれたいくつかの古代シルクロードのルートのなかで、もっとも早く開かれたものである。だが、その繁栄は紀元三〜四世紀でほぼ終り、かつてのオアシス国家も今は沙漠のなかにとり残されている。沙漠の拡大、河水の枯渇、季節ごとに訪れるはげしい風砂などのきびしい風土的条件のゆえに、もっとも早くに廃れたルートであった。

張騫からおよそ七百年余りのち、インドへ取経に赴いた唐の玄奘三蔵は、帰路をこのルートにとった。『大唐西域記』はいう。

「これ（尼壌《ニヤ》城）より東行して大流沙に入る。砂は流れただよい、集まるも散るも風のままで、人は通っても足跡は残らずそのまま道に迷ってしまうものが多い。……風が吹き始めると人畜共に目がくらみ迷い病気となり、時には歌声を聞いたり或いは泣き叫ぶ声を聞き、聴きとれている間に何所に来たのかも分からなくなる。このようにしてしばしば命をなくしてしまうものがある……」（水谷真成訳）

こうした千三百年余り前の玄奘三蔵の時の事情は、今日もさほど変りはない。

今は、このルート沿いにオアシスの町が百五十キロ、二百キロ、あるいは二百五十キロごとに置かれており、その間を車が走れる道路が通じている。だが、その道はほとんどが舗装されておらず、文字通り洗濯板さながらの道であり、北のタクラマカン沙漠から風で押し出された流砂が到る処に堆積している。しかも、あちこちで陥没している。崑崙からの雪どけ水が大量の時には、通常の河道といわず気ままな所を流れ下り、道を横切って行くためだ。陥没した個所には特段の標識が置いてあるわけではなく、ために注意深く走らなければ、車は落ちこみ命を落としかねない。

大量の流砂を押し出すもとは、すさまじい砂嵐である。ひどい時には、のばした腕の先の自分の掌でさえさだかではなくなる。地元のウイグル族はカラ・ブラン、つまり黒い嵐とよんで恐れている。しばしば竜巻を伴う。今世紀〔二十世紀〕はじめ、タクラマカン沙漠横断を試みたスウェーデンの探検家ヘディンはつぎのように記している。

「四月の二八日……まれに見る激しい嵐に目を覚まされた。この嵐はキャンプのまわりにもうもうと砂埃を巻き上げた。灰黄色の砂の竜巻がすさまじい勢いで、次から次へと砂丘を登っていったかと思うと、やがて力を失い、風下に落ちていった。……これこそあの昼間を夜に変えてしまうような黒い嵐カラ・ブランの一つだった」(『ヘディン中央アジア探検紀行全集』1・横川文雄訳)

ヘディンが記しているように、カラ・ブランは春四月を中心に猛威をふるう。地元の気象用語では砂暴というが、南道上のオアシスの町エンデレの測候所では、二月から五月にかけて毎年平均四十回の砂暴を記録している。平均して実に三日に一回である。それでも、最近のオアシスの緑化の進行で減少しており、かつては同期間に五十回を記録していたという。

一たび砂暴が吹き荒れると、天空に舞いあがった風砂は、もともと粒子の細かい沙漠の砂であるから、三、四日は漂ったままでいる。しかも、広大な沙漠のことである。たとえ自分の目の前にはなくとも、必ずどこかで吹き荒れており、それがまた風砂をまきあげる。ために、三、四、五月頃の南道一帯では、いつも空がどんよりとしており、「昼間を夜に変え」、夜は夜で星も月も光を失う。沙漠にまたたく満天の星などのぞむべくもなく、以来、私は「月の砂漠」といううたは歌わないことにした。

砂暴はオアシスの町を幾重にもとりまいて植えられたポプラ並木の梢を、ごうごうと音を立てて吹きすぎる。そのなかには玄奘のいうように奇妙な歌声や泣き叫ぶような声がまじる。

一九八〇年五月上旬、私はニヤ遺跡をめざした。ニヤは紀元一世紀から三世紀まで南道上の要衝として栄えた精絶の故地で、一九〇一年、イギリスのスタインによって発見、発掘され、輝かしい東西文化交渉のあとを示す数々の文物を出している。それが今、南道上のオアシスの町民豊《みんぽう》から北へ百十キロのタクラマカン沙漠のなかに廃墟としてとり残されている。ラクダのキャラバンを組んで沙漠にのり出した「シルクロード」日中共同取材班は、四十度にも及ぶ暑熱のなかで、まる一日道に迷ってしまった。私たちの取材に先立って地元のウイグル族が下見をした時に立てた目じるしが、その後のカラ・ブランで吹き倒され砂に埋れて、道標としての役に立たなかったのである。

道に迷うなかで、玄奘の『大唐西域記』とさらにもう一つの記念碑的ともいうべき史書を想いおこしていた。玄奘より二百年余り前、四世紀末から五世紀はじめにかけてやはりインドへ取経に赴いた僧法顕《ほっけん》の記録である。

「沙河中には多く悪鬼・熱風有り、遇えば即ち皆死し、一として全き者無し。上に飛鳥無く、下に走獣無し。……唯死人の枯骨を以て標識と為すのみ」（『法顕伝』）

沙漠を行くものにとって、まことに標識の有無は生命にかかわることなのだ。

法顕といい玄奘といい、いうまでもなく張騫よりずっと後世の人である。その人びとにしてこの記録あり――張騫の労苦は思いなかばにすぎるものがある。

いわゆるシルクロード開通以前とはいえ、南道上に点在するオアシスの国（町）の間には往来があった。ニヤ遺跡から発掘された木簡などの文字記録によれば、一〜三世紀ごろには、オアシス国家（町）間には駅伝制度が整っており、案内人と通訳、かれらに支給する馬やラクダなどの役畜の数、そしてそれらにたいする報酬が規定されていた。シルクロード開通以後のことであるが、それより前、張騫が帰国の道をとった時にも、そうした駅伝制度の萌芽はあったと考えるのが自然であろう。

張騫も各地で道案内を得ながら東に進んだことであろう。だが、オアシスとオアシスの間は現在でも時に二百五十キロも沙漠の道がつづいているのである。砂暴などのアクシデントで時間を空費することもあったであろう。そんな時、甘父の存在が大きな支えになったにちがいない。飢えた時には、甘父の弓矢で仕とめた禽獣に救われていた。

当時、南山沿いの道の東部は羌の地であった。羌はチベット系遊牧民の謂で、やはり異民族ではあるが、漢と干戈《かんか》を交えたことはなく、漢使にたいしても敵対的ではなかった。

南山沿いの道はやがて東北に進めばクロライナ（楼蘭）に出る。そこから東へ今日の敦煌から河西回廊を進むのが漢への近道である。張騫が往路に通った道であるが、そこは匈奴の支配下区域であり、再び拘留される恐れがある。そこで帰路は東南にツァイダム盆地を通り、迂回して南から隴西郡をめざす道をとろうとした。

ツァイダムは現在の青海省西北部に広がる盆地で、新疆から入るには崑崙の支脈であるアルキンの峻嶮を越えなければならない。だが、そこは羌の地であり、比較的安全に通過できると考えたのである。

しかし、状況は変っていた。

すでに月氏を西に追った匈奴は、さらに南下して楼蘭などの西域諸国を従えていた。そして、張騫が通るころには、楼蘭よりさらに南のツァイダムにまで影響力をのばしていたのである。

張騫は恐らくはツァイダムに入る手前で再び匈奴の手に捕えられた。

空しく一年余りが過ぎたころ、匈奴の内部に混乱が起きた。時の匈奴王軍臣単于が死に、その後嗣をめぐって内紛が起きたらしい。内紛は太子の於単《おたん》派と軍臣単于の弟の伊穉斜《いちさ》派との間で争われていた。やがて伊穉斜派が勝って単于となると於単派の人びとは放逐され逃亡する。南道東部やツァイダムでも同様なことが起る。

すでに西域にあること十年余り、張騫はこうした情勢の変化にたいして敏感になっていた。そして、機を捕えるに敏になっていた。

――今がチャンスだ。それに「士は行いに於いて果敢たるべし」と『論語』は訓えている。

あるいは太子於単派の逃亡・脱出者の群に潜入したのかも知れない。張騫は匈奴の拘留から脱出した。

こうして元朔三年（前一二六）、張騫は十三年ぶりで帰国した。出発の時、百人余りいた従者は今はすべてなく、帰国に従ったものは甘父一人であったと『漢書』張騫伝は記している。ほかに『史記』では、「胡妻」、つまり、張騫が拘留中に娶った匈奴妻を伴っていたという。小説的にみれば、『史記』の記述のほうが面白いが、それはともかく、この張騫の第一次出使が長期かつ困難な旅であったことには変りはない。

都長安に近づくにつれて、張騫は不安であった。月氏との同盟という所期の目的を果すことができなかったのである。武帝は自分をどのように処遇するであろうか。しかしまた、自分の脳裡には今まで漢が知り得なかった西域諸国についての貴重な情報がつまっている。それは必ずや帝をよろこばせることができるはずである――

一方、張騫帰国の報に接した武帝は大いに驚いた。出発してから十三年、張騫は匈奴に拘留されたままか、あるいは流砂に埋れて命を絶ったかもしれない。それを気の毒には思ったものの、すでに月氏との同盟のことは期待してはいなかった。だからこそ元光六年（前一二九）には衛皇后の弟の衛青を大将軍として本格的な対匈奴戦を発動し、去年（元朔二年）はあのオルドスの地を回復できた（この間の事情はすでに記した）。今やわが漢王朝は他国との同盟はなくとも、自力で匈奴に打ち勝つ力をもっているのだ。使節としての成果はともかく、十三年間の労は十分にねぎらってやろう――

張騫が拝謁を許されてみると、武帝の機嫌は思いのほかうるわしくみえた。長期の労苦を嘉《よみ》されたあと、命に従って月氏との交渉が不調に終った顚末を言上した。それでも武帝の顔色にさしたる変化がないことが、張騫にはふしぎだった。つづく武帝の下問にたいして、張騫は十三年間に及ぶ旅の報告を言上した。報告が進むにつれて、武帝はしだいに眼を輝かせ膝をのり出してきた。耳にするほとんどすべてのことが、はじめて聞くことばかりであった。

張騫の報告は大要つぎの三項に要約することができる。

第一に、みずから訪れた大宛、康居、月氏、大夏についてはむろん、さらに伝聞によって知りえた西域諸国についての地勢、人口、物産、政情など諸般にわたる情報。

第二に、黄河源にかんする情報。

第三に、身毒《しんどく》国つまりインドと蜀郡（四川）との交渉にかんする情報。

これらの情報は、すべて中国にはじめてもたらされたものであり、張騫の報告は予期しない収穫にみちていた。

その内容の詳細は『史記』大宛列伝、『漢書』西域伝、張騫伝などに記されているのでそれにゆずるとして、第一項の情報のうち、とくに武帝が眼を輝かせたのは、大宛国に良馬が産するということであった。

武帝は五十五年に及ぶ治世において、馬、とくに良馬を求めつづけていた。

もともと、戦国時代から秦朝末期の内乱、項羽と劉邦の争覇など、中国国内における戦闘は、歩兵を主力とし、四頭立ての馬が牽く〝戦車〟を強力な支えとする攻城戦が中心であり、騎馬隊は未成熟であった。それは一九七四年春、現地の農民が井戸を掘っていて偶然に発見され、世界の耳目を集めた秦始皇帝の兵馬俑坑《へいばようこう》を見れば明らかである。

始皇帝陵は西安（かっての長安）の東五十五キロの驪山《りざん》の麓にあり、兵馬俑坑はその東一・五キロにあった。

俑坑は三つあった。

第一号坑は東西二百三十メートル、南北六十二メートル、面積一万四千二百六十平方メートルに及ぶ。そのなかに三十八縦隊で陶製の等身大の武士と車馬の俑《よう》がつまっている。これまでに一部の九百六十平方メートルが発掘されているが、そこから武士俑五百余体が出ている。それにたいして〝戦車〟はわずか六輛。いずれも四頭立てで馬は二十四頭である。

第二号坑は、面積約六千平方メートルで、歩兵、弩《いしゆみ》（強力な弓）兵、車兵、騎兵よりなる混成部隊が出ている。そのうちの騎兵隊は未成熟で兵は馬の傍にたゞなを手にして立っているだけであり、馬には鞍はあっても鐙《あぶみ》はない。

第三号坑はもっとも小さく、面積五百平方メートル。なかには六十八体の甲冑をつけた立派な武士俑があり、ここは将軍を中心とする司令部だと推定されている。

以上を合わせると、兵・馬・車の俑は全部で約八千体と推定されている。そのすべてが等身大であり、人物は一人ずつ表情が異り、兵種によって姿勢も異り、階級によって服装も異る。その芸術的な達成と、兵馬俑坑じたいが中国ではめずらしく『史記』などの史書の記載にないことから、世界を驚かせた大発見であった。そして、ここでは全体の軍編成が歩兵中心であり、〝戦車〟隊、騎馬隊は従になっていることを指摘すれば十分であろう。しかも、この巨大な兵団はすべて東を向いていた。それは、秦が戦国諸雄のなかでも西端に位置し、全土を統一した始皇帝が東方の戦国諸雄に威を示すことを第一義的に考えていたことを如実に示している。

それにたいして北辺から侵攻して来る匈奴は、騎馬軍団を駆使することを主たる戦術としていた。ために、それに馴れない秦・漢はしばしば匈奴の馬蹄に蹂躪され、そのひびきに戦いていたのだ。

匈奴に対抗する強力な騎馬隊の編成が急務とされた。だが、成立当初の漢王朝は秦末の混乱のなかで大量の馬匹が失われているという負債を負っていた。ために「天子も鈞駟を具う能わず、而して将相は或は牛車に乗る」（『史記』平準書）という有様であった。天子は四頭立ての馬車（駟）に乗るというのが規定であったが、それもままならなかったというのである。

漢は成立後、馬の養成に力を入れた。牧馬に適する辺境に近い諸郡に官営牧場・牧師苑《ぼくしえん》を設け、同時に民間における育成を奨励した。

武帝の代になると、牧師苑は三十六ヵ所に及び、それぞれに監督官吏を駐在させた。それらの牧師苑で労役に就くもの男女合わせて三万人、牧馬三十万頭に達したと、『漢旧儀』

（前・後両漢の典礼制を記した書。後漢の衛宏《えいこう》撰）は記している。また、同書によれば、都長安付近には武帝の御料牧場というべき「天子六厩」があり、それぞれに一万頭の馬が養成されていた。以上の諸牧場には、匈奴の投降者も就労させ、そのすぐれた養馬技術が大いに活用された。

かくして、武帝の代、馬の生産がピークに達した時には、

「衆庶街巷に馬有り、阡陌《せんぱく》の間に群を成す」

と『漢書』食貨志は伝えている。民間にも街かどにも、そして各地の小路（阡陌）にも馬が群を成していたというのである。むろんこれは一種の形容であろうが、皇帝さえ「駟」を仕立てるのに苦労していた漢王朝初期とは、様相を大いに異にしていたことはたしかである。

それでも大規模な対匈奴戦を発令すれば、大量の馬匹が消耗された。たとえば、ある年の衛青の軍には十四万の馬匹が動員されたが、そのうち生還したものは三万にすぎなかったという記録が、『史記』衛将軍驃騎《ひょうき》（衛青・霍去病《かくきょへい》）列伝に記されている。そんな時には、「法令をつくり、封侯以下、三百石《せき》の吏（地方の中堅官僚級＝筆者注）以上に、それぞれ地位に応じて牡馬を天下の亭（兵営、駅舎＝筆者注）に供出させ、亭は字馬《ははうま》として飼育して、毎年、その生んだ馬を供出させた」（『漢書』食貨志）

常設の御料牧場や官営牧場を経営するほかに、火急の時には養馬令も発令したのである。

こうして餓《かつ》えたように馬を求めてやまなかった武帝にとって、張騫の報告は眼を輝かせるに十分であった。

「大宛には良馬が多く、汗血馬《かんけつば》とよばれています。その馬の先祖は天馬の子です」

――汗血馬は一たび走れば血の汗を流し、一日よく千里を走るという良馬である。それは天翔ける馬の子孫だというのである。この張騫の報告に魅せられた武帝は、のちに良馬を得るために大宛にたいして二度にわたって大軍を遠征させたが、これについては別章で記す。

第二の黄河源にかんする情報についてであるが、報告の内容に入る前に、何故このことが武帝にとって重大関心事であったかについてふれよう。

『論語』子罕《しかん》篇につぎの一節がある。

「子曰く、鳳鳥至らず、河、図を出ださず。吾れ已《や》んぬるかな」

「鳳鳥」はつまりは鳳凰で、古代中国では美しい羽をもつ大鳥であり、聖天子がこの世に現われて理想的な政治をしいたときに現われる瑞鳥《ずいちょう》として考えられた想像上の鳥である。同様に聖天子の世では、聖人が則るべき治水の法則を啓示した「河図《かと》」が黄河から出てくると伝えられていた。この鳳凰と河図がともに出てこないこと、つまりは聖天子の理想政治が行われていないこと、あるいはその二つながらを得てみずからが聖天子の理想政治を行う機を得られないことを、孔子は嘆いているのである。

こうして黄河をよく治めることは、聖天子たるものの大きな条件の一つと考えられていた。

しかし、現実にはしばしば氾濫がくりかえされ、そのたびに広大な土地が押し流され、多くの人命が失われ、あまつさえ河道が大きく変った。氾濫は武帝の代にもしばしば起ってい た。張騫が帰国した六年前の元光三年にも、瓠子《こし》（河南省濮陽《ぼくよう》）で大氾濫があり、その決潰口はあまりにも大きく、ふさがれないままになっていた。

氾濫は「河図」が出でず、黄河の法則をとらえ定めることができないから起るのだ。そしてまた、河源には河神がおり、その怒りによって起るのだ。だからこそ、河源を定め河神を祀って怒りを鎮めることが、聖天子として己が皇帝としての権威を高めることになる――

「つぎに黄河の源ですが」

と張騫が切り出すと、武帝はさらに膝を一歩進め、耳を傾けた。

「于闐《うてん》の東で、水は東流して塩沢《えんたく》に注いでいます。その塩沢の水は地下を潜行し、沙漠を伏流して、塩沢の南方で再び河源として現われるのです」

于闐は現在のホータン、塩沢はロプノールである。武帝は張騫の報を聞き、古書を検《しら》べて、「黄河の発する山を崑崙と名づけた」（『史記』大宛列伝）。

崑崙河源説である。

むろん今日からみれば荒唐無稽の説である。一九八五年六月、「大黄河」日中共同取材班が同行した中国国務院（内閣）直属の黄河水利委員会河源探索隊は、青海省中部のヤラダツオ山麓ヨグゾンリエ盆地の海抜四千五百メートルにある一つの泉を河源と認定した。測量の結果、泉は北緯三五度一分一三秒、東経九五度五九分二四秒で、これが国務院によって今日正式に黄河源として認定されている。

だが、黄河は聖なる母なる大河である。しかも崑崙山は、たとえば中国の古代地理書『山海経』（武帝が検べた古書の一つであろう）には、不老長寿の仙術と仙薬をもつ西王母《せいおうぼ》が住む山とされている。聖天子たることを自任した武帝が、遠い聖なる山崑崙に大河の源があるという説を信じたとしてもふしぎはない。こうして、古代中国では崑崙河源説が長く広く信じられた。

第三の身毒と四川の交渉については、月氏への使いの往復で匈奴に長期にわたって拘留された苦い経験をもつ張騫としては、是非とも武帝の耳に入れておきたい情報であった。

張騫が大夏を訪れた時のことである。そこで邛《きょう》の竹杖と蜀の布があるのを見た。邛も蜀もともに現在の四川省の地であり、竹と錦は今日も変らぬ四川の特産である。

この四川の特産品に張騫が興味をもったのはとうぜんであった。出身地の漢中は古くから四川との交通があり、張騫は少年時代から邛の竹杖や蜀の布に親しんでいたにちがいないからである。

興味が疑問に変るのに時間はかからなかった。

――それにしても、なぜ蜀の特産が大夏などにあるのか。少くとも蜀と大夏の間には交通が開けてはいないはずなのに――

　そこで、どこから手に入れたのかとたずねたところ、答は、

「わが大夏の商人が身毒から購入した」

　というのであった。

　こうして、大要つぎのような報告が武帝になされた。

「身毒は大夏の東南数千里にありますが、習俗は農耕定住をするなど大夏と似かよっています。土地は低く湿気が多く、暑熱で、戦いは象に乗って行うそうです。ともかく、その身毒に蜀の物資があり、それを大夏の商人が買っているのです。ということは、蜀から身毒、そして大夏へという道が通じているにちがいありません」

　――だとすれば、拘留の危険のある匈奴の地を通ることなく、漢から身毒を通って大夏そして大宛などの西域諸国に通じることができるはずだ、というのである。

　張騫の報告を聞き終った武帝は、大いによろこび、その労に報いるために恩賞の沙汰を下し、張騫を大中大夫《だいちゅうだいふ》、甘父を奉使《ほうし》君《くん》に任じた。

　異例の昇進というべきであった。張騫は禄高わずか三百石の下級官吏である郎から、一挙に禄高一千石の宮中審議官となったのである。甘父の奉使君というのは、皇帝の命をうけて出使するものの職名で常設の官ではないが、ともかく一介の奴僕から皇帝指名の官吏となったのである。

これ以後、西域との交渉、シルクロード開拓にたいする武帝の意欲は、以前にも増してたかまっていった。そして期待もふくらんでいた。

――ともかく、西域の国々には漢にはない珍貴な物産がある。大宛の良馬など今すぐにも手に入れたい。いずれも兵力は強いようだが、物品を贈れば入朝させることができよう。しかも、匈奴の地を通ることなく通じることができれば武力を使う必要もなく、西域諸国を従え、わが版図を拡げ、わが威徳を四方にゆきわたらせることができる――

むろん、その後の事態はこんなに思い通りに運びはしなかった。しかし、張騫の報告に接した直後の武帝は、まだ口にしたこともない葡萄酒に酔ったような陶然たる思いにひたっていた。

こうして四川↓インド↓大夏ルート開拓が着手され、元狩元年（前一二二）、武帝は張騫に命じて使者を派遣させた。

四川からインドに至るには、まず雲南を通らなければならない。当時の四川・雲南道は二つあった。一つは、成都から西南に進み、沫水《まっすい》（今は大渡河という）を渡り霊関《れいかん》（現在は越西）、邛（西昌）、会元（会理）を通り、縄水《じょうすい》（金沙江）を渡って益州《えきしゅう》（昆明の南、晋寧《しんねい》）に至るもので霊関道とよばれた。もう一つは成都から南に進み、朱提《しゅてい》（現在の昭通《しょうつう》）から益州に至る朱提道である。

この両道は益州で合したのち、西に進んで楡沢《ゆたく》（現在の大理《だいり》）を経、西南に博南（永平）

に至る博南道を行く。そして、瀾滄江《らんそうこう》（メコン川上流）を越え、ついで西に周水《しゅうすい》（怒《ど》江《こう》＝サルウィン川上流）を渡ってビルマ〔現ミャンマー〕に入る。その先はブラマプトラ河（ヤルツァンポ河下流）の河谷沿いにインドに入るのである（王育民『中国歴史地理概論』・一九八五年・中国人民教育出版社）。

しかし、張騫によってくり出された使者たちは、途中の滇越《てんえつ》国（現在の昆明《こんめい》付近）に至って道を阻まれた。当時、雲南には北に氐《てい》・筰《さく》、南に嶲《すい》・昆明などのいわゆる西南夷とよばれる異民族がいた。かれらは君主をいただかず、寇盗《こうとう》をしばしば行っていたが、漢使はかれらによって道を阻まれ、あるいは殺害されたのである。

また、たとえそうした人為的な妨害に遭わなかったとしても、自然的障害のために行く手を阻まれたであろう。雲南西部からビルマ、インドへ抜ける道には、横断《おうだん》山脈が巨大な屏風のように立ちはだかっているのである。それは、世界の屋根ヒマラヤ山系の東端に位置する支脈で、万年雪をいただいた海抜四、五千メートル級の峻嶮が深い皺を刻んで立ち並ぶアジアの屋根である。空から見れば、峻嶮と河谷が複雑な地形を展開している。気候は亜熱帯に属し、かつて人びとは「瘴癘《しょうれい》の地」――暑熱と湿気と、それが因《もと》でおこる風土病の多い地として恐れていたのである。

こうして、蜀、雲南、身毒を経由して大夏に通じようとする張騫の企ては失敗に終ったが、その後の武帝の西南夷経営に大いに資《し》するところがあった。

武帝が滇越国を滅ぼして益州郡を置き、今日の雲南・貴州を含む西南夷を完全に漢の版図に収めたのは元封二年（前一〇九）であった。時に張騫が世を去ってから五年後のことであったが、それより十三年前の元狩元年に、張騫の使者が大夏には至れなかったとはいえ、その途中の雲南中央部の滇越に至り、漢からの道すじを窮めたことが、武帝の西南夷平定・経営に大きな端緒を開いたことは明らかである。

第一次西域出使から張騫が帰国したのは、武帝即位の十六年目のことであり、時に武帝は三十一歳であった。すでに朝廷内の守旧派は一掃され、身心ともに壮健であった。張騫の報告と出使の成果は、たしかにその後の武帝の治世に大きなエポックを画したのである。

第三章　第二次張騫出使――経過と成果

不倒翁の面目

不倒翁――おきあがりこぼうし。帰国後、死に至るまでの張騫の歩みを見ると、この語がふさわしいように思われる。

西域出使の功で大中大夫に昇進した張騫であるが、その後の道のりはすべて順風満帆というわけではなかった。帰国後まもなく、二度にわたって大将軍衛青《えいせい》に従って対匈奴作戦に加わったが、二度目には命令不履行の責任を問われて死罪を申しわたされる。それを当時認められていたルール（これについては後述）によって免れ、その不運の時期をもち前の堅忍不抜の精神で耐える。そして結局は、当時並ぶものなき唯一の「西域専門家」として武帝に召されて復権を果し、再度西域に出使するのである。十三年にわたる艱難《かんなん》の西域出使を全うしたように、まさに不倒翁の面目というべきであろう。

張騫の西域出使中、その帰国を待ちきれなくなった武帝によって対匈奴反攻作戦が開始されていた。元光《げんこう》六年（前一二九）春二月のことで、それは漢王朝創立以来、はじめての本格的な対匈奴戦であり、実はそれが張騫の匈奴拘留からの脱出に有利に働いていたであろうことはすでに記した。その翌年の元朔《げんさく》元年、つづいて元朔二年、いずれも衛青を将軍とする対匈奴戦が発動され、オルドスの地を回復するなどしだいに成果をあげていた。

だが漢の辺境地域にたいする匈奴の侵攻は相変らずつづいていた。元朔二年、それまで漢にたいして比較的友好的だった軍臣《ぐんしん》単于が死去して伊穉斜《いちさ》が匈奴単于となると、辺境にたいする侵攻は連年はげしくなっていた。

張騫が帰国した二年後の元朔五年春、衛青の第四次出撃が行われた。過去最大の三万の大軍が朔方《さくほう》郡（現在の寧夏《ねいか》回族《かいぞく》自治区北部）から長駆西の沙漠地帯に出て匈奴の主力右賢《ゆうけん》王の軍を囲み、男女の衆一万五千を捕え、画期的な勝利をあげた。衛青はこの時の功で大将軍に任じられている。

張騫はこの時の作戦には参加していない。武帝としてはほんとうは張騫に従軍させたかったにちがいない。なにしろ、沙漠で戦う漢の将兵にとって、その地理・風土に不案内なことが匈奴軍にたいして最大の不利であった。とくに遠征中の大軍にとって水の補給が最大の問題となる。

ところで沙漠のなかといえども、まったく地下水がないわけではない。河川の水が伏流しているところもある。そんなところには、わずかながらもタマリスクなど砂礫《させき》に強い草が生えている。だが広大な沙漠のなかで、不馴れなものにとってそれを見出すのは至難のわざだ。ラクダは本能的にそうした水場を嗅ぎ出す。大海のような沙漠を行くのにラクダこそが有用な動物であり、「沙漠の舟」とよばれるゆえんである。

もともと遊牧の民である匈奴は沙漠のなかの水・草のある場所を知っている。それによって自分のノドをうるおすことはむろん、牧畜の生命を保証している。それにたいして農業とする漢民族にはその能力はない。だが張騫は十三年にわたる西域行のなかで、それを体得していたであろう。そうした話も、武帝にたいする報告のなかでなされていたとしてもふしぎはない。

武帝としては、張騫の体験とそこから得たものを対匈奴戦のなかで早く生かしたかったにちがいない。だが、しばらくは休養が必要であろう。元朔五年春の衛青出撃の時には、張騫の帰国後まる一年しかたっていない。さすがの武帝にも張騫への従軍令発動はためらわれたにちがいない。

こうしている間にも匈奴の侵攻はくりかえされていた。

匈奴の侵攻は主として秋に行われた。「秋高く馬肥ゆ」の譬えどおり、秋には馬が肥育され、匈奴の騎馬軍団がいっそう強力になるからである。それにたいして、中国には古く「防秋」の語があり、異民族の侵攻から辺境を守る意に用いられている。

衛青が大勝をあげた年の元朔五年秋にも、匈奴の大軍が代《だい》郡（山西省大同一帯）に侵入し、漢人千余人を掠奪して去った。匈奴はもともとその行動範囲の広さに比べて、人口はきわめて少かった。そこへ漢軍による殺戮と拉致がたび重なり、ために人口はいっそう減少した。遊牧業にとって、それはそのまま生産力の低下を意味する。その結果、匈奴による報復、漢人掠奪がくりかえされることになる。

元朔六年春、衛青を大将軍として、六将軍、十万余騎の大軍が定襄郡《ていじょう》（山西省北辺）から北に深く匈奴の地に進撃。首級、捕虜一万九千余を得た。

張騫はこの衛青の軍に従って出陣した。『漢書』張騫伝はいう。

「騫は校尉として大将軍に従って匈奴を撃ち、水・草のある処を知っていたため、軍は欠乏をまぬがれた」

校尉とは連隊長級の職位であるが、それはともかく張騫の一回目の出陣にかんしては、ほかに『史記』衛将軍驃騎《ひょうき》（衛青・霍去病《かくきょへい》）列伝及び大宛列伝、それに『漢書』衛青霍去病伝に記載があるが、いずれも大同小異で要するにたいへんかんたんなのである。だが、いずれも沙漠における張騫の経験と能力が漢軍にとって大いに有効であり力となったことを強調している。

この時の功によって張騫は博望《はくぼう》侯に列せられた。一介の郎が今や爵位をもつに至ったのである。

「博望」とは「広博瞻望」、つまり広く望みわたす、視野が広いという意であり、漢にとって未知の世界について広く情報をもたらし道を開いた張騫にふさわしい称号ということができる。

博望侯となった張騫は翌元狩《げんしゅ》元年、蜀、雲南、インド経由大夏《たいか》に至るルートを開拓するために西南夷探索に出る。その経過と成果については前章で記した。

その翌年、元狩二年夏、張騫は将軍李広《りこう》とともに二回目の出陣をした。今度は張騫は衛尉（皇帝直近の九卿の一つで、禁中警衛を司る）となった。一万騎を率いる師団長格である。また李広は郎中令（九卿の一つで、皇宮の諸門警固の長官）として四千騎を率いた。二人はまず別々の道を辿って進撃し、期日を定めて合流するという作戦であった。

李広の軍は右北平《ゆうほくへい》（現在の遼寧省《りょうねい》南部）から出撃したが、その結果は悲惨だった。行くこと数百里（一里はおよそ四百メートル）すると、李広の軍は匈奴の左賢王《さけんおう》の率いる四万騎にとりまかれてしまった。李広軍は円陣をつくって構えとしたが、匈奴の放つ矢は雨あられのようで、漢兵の戦死者はなかばをこえ、矢も尽きようとした。李広は残った兵士たちに弓を引きしぼり、しかし矢を放たぬように命じ、自身は大弩（バネ式の強力な大弓）で敵の副将をたおした。

このため匈奴もようやくひるんだが、日暮れが迫り、漢の軍兵は恐怖で青ざめた。だが李広は平常と変らず兵をはげました。兵たちは李広の勇気にはげまされ、よくその命に従った。

もともと李広は朴訥で口数は少かったが、よく人をして信服せしめたという人物である。

――桃李もの言わざれど、下自《おの》ずから蹊《みち》を成す

桃や李《すもも》はものを言わないけれども、その花の美しさにさそわれてしぜんに人が集まり、木の下にはしぜんに蹊ができる。当時の人びとの李広評である。

さて夜があけて翌日も李広軍は力戦したが劣勢を回復することはできなかった。そのうちにようやく張騫の軍が到着した。時すでに定められた期日におくれていたのであるが、新手の援軍を見た匈奴はようやく囲みを解いて去った。だが、李広軍はむろん、張騫の軍も疲れ果て追撃する余力を失っていた。

この時の戦いで李広の軍はほとんど全滅に瀕した。その敗戦の責任は、予定した合流の期におくれ匈奴との会戦に間にあわなかった張騫が問われた。もともと軍人ではない張騫にとって、一万騎の大軍を統率することは荷が重かったにちがいないが、ともあれ当時、期に後れる「後期」には最大の責任を問われ、死罪と決っていた。張騫も死罪を申しわたされた。

だが張騫は処刑は免れた。

当時、処刑を免れるには三つの道があった。

(1)　金銭で贖《あがな》って死罪を免れる

(2)　九卿及び爵位あるものは、それを返上して庶人となる

(3) 財力・爵位なきものは、宮刑（男性機能を断つこと、腐刑ともいう）をうけて贖う

張騫は第二の道をとって博望侯の爵位を返上し庶人となったのである。また李広も死罪を申しわたされたが、九卿たる郎中令の位を返上して庶人となっている。

第三の道をとって史上有名な人物は、『史記』の著者司馬遷である。司馬遷は対匈奴戦に敗れて捕えられた李陵（李広の孫）を、群臣のなかでただ一人弁護したために武帝の逆鱗にふれ死罪となった。だが、司馬遷は父の遺言である『史記』の著述にすでに手を染めており、何としても完成したかった。しかし、たんなる史官である太史令にすぎず、九卿でもなければ爵位もなく、むろん財力もなかった。ために甘んじて宮刑をうけて死罪を免れたのである。男性として屈辱であったが、司馬遷はそれをバネにして大作『史記』を完成させたのである。

幸いというべきであろう。張騫は列侯であり九卿であった。それを返上して庶人になれば死罪は贖える。むろんそれも屈辱にはちがいない。だが、もともと自分にとって不得手な大軍の将として犯した失敗である。一方では自分こそ当代随一の西域専門家という自負がある。たとえ庶人になっても、武帝は必ずや自分を必要とするにちがいない。もち前の堅忍不抜の心で、張騫はこの逆境を迎えることにした。法の定めによって死罪としないわけにはいかないものの、武帝にとっても張騫を失いたくなかったにちがいない。あるいは、この第二の道をとるに当っては武帝の示唆があったかも知れない。

張騫が庶人となった元狩二年（前一二一）という年は、しかし漢の対匈奴戦ひいては西域開拓にとって画期的な年であった。それは大将軍衛青の姉の子で弱冠十九歳の驃騎将軍霍去病によってもたらされた。

まず、その年の春、霍去病は一万騎をもってはじめて出撃。隴西《ろうせい》郡から出て長駆西に焉耆《えんぎ》山《さん》（現在の甘粛省山丹《さんたん》の南の山。祁連《きれん》山中の一山で焉支山《えんしざん》ともいう）を扼《やく》し、さらにそれを過ぎること千余里。匈奴の首級・捕虜八千余を得た。

夏、霍去病の二度目の出撃が行われた。合騎《ごうき》侯公孫敖《こうそんごう》の数万騎とともに隴西郡より出撃すること二千里。遠く西の居延《きょえん》（現在の内モンゴル自治区西端の地、カラホト）を抜き、西域に通じる河西回廊に蜿々と連なる匈奴の拠点祁連山を攻めて首級・捕虜三万余と小国の胡王十余人を得て勝利を収めた。

この霍去病の快進撃と勝利はかつてない規模のもので、匈奴に大いに衝撃と混乱をもたらした。

月氏を破って河西の地を手中に収めていた匈奴は、昆邪《こんや》王に河西を支配させていた。昆邪王は匈奴諸王のなかの最有力者であったが、霍去病軍に敗れたことの責を単于から問われることを恐れ、四万余の軍民をひきつれて漢に投降してきた。かつて月氏に向った張騫が拘留された地から匈奴の勢力が駆逐されたのである。

武帝は河西の地に武威《ぶい》・酒泉《しゅせん》の二郡を置いた。漢王朝は秦制をひきついで全国に郡県制をしき、中央から官吏を派遣して支配するという中央集権制をとっていたから、郡を置くということは即ち漢の版図に編入したことを意味した。のちに河西の地の情勢が安定し、人口が増加すると、元鼎《げんてい》六年（前一一一）には敦煌《とんこう》・張掖《ちょうえき》の二郡を加えて河西四郡とし、ほぼ今日の姿となった。

河西とは黄河の西の意であり、河西回廊とは南に祁連山脈、北にトンゴリ、パタンジリンの二大沙漠をひかえ、それにはさまれて東西に長く廊下のようにつづく地であり、漢から西域に通じるには必経のメインルートであった。張騫も第一次出使の時、そこを通ったのだが、当時は匈奴の支配下にあったのである。

祁連山脈は匈奴にとって軍事拠点であったばかりでなく、生活の拠点でもあった。それを失った嘆きを伝えるうたが、『古詩源』（清の沈徳潜《しんとくせん》撰）に残されている。「匈奴歌」である。

失我焉支山　我が焉支山を失う
令我婦女無顔色　我が婦女をして顔色無から令《し》む
失我祁連山　我が祁連山を失う
使我六畜不蕃息　我が六畜《りくちく》をして蕃息《はんそく》せざら使《し》む

焉支は臙脂《えんじ》に通じベニである。この地は紅花の産地であり、それを原料に化粧用のベニが作られていた。匈奴の女性はベニで顔を濃く飾ることを風習にしていたから、その産地を失えば文字通り顔色無いわけである。

六畜は牛・馬・羊・豚・鶏・犬で、遊牧民にとっては生産物でありかつ遊牧の友である。今でも祁連山の低い山腹は牧草地が多く、しばしば羊の放牧が見られるが、その地を失っては、どのようにして六畜を棲息させ育てることができるだろうか、というのである。

ともあれ、霍去病による河西回廊制圧は、武帝の西域開拓、西域経営の意欲をいっそうかきたてた。張騫によってもたらされた情報にある西域諸国の珍貴な物産、とくに良馬を手に入れる望みも、いよいよ現実味を帯びてきた。

そう思うと、なおいろいろと張騫の話を聞き、その指南を仰がなければならないという思いが、武帝のなかでは募った。今は庶人になっている張騫であるが、武帝にとってそんなことを顧慮している場合ではなかった。たびたび張騫を未央宮《びおう》に召し出し、みずから謁見した。庶人にたいして破格の扱いであった。

張騫は必ずやこの時の来るであろうと期するものがあった。庶人となり無官となって以来、構想を考えぬいていた。

武帝の策問は大夏とどのように通じるかであったが、それにたいする張騫の対策と建議は直接大夏についてのことではなく、烏孫《うそん》という国についてだった。

張騫はまず、

「臣が匈奴に拘留されている間に聞いたことですが」と前置きして、烏孫と匈奴、それに大月氏の間の、いわば歴史的関係について語った。それによれば——

現在の烏孫王は猟驕靡《りょうきょうび》というが、その父の時代には烏孫は月氏とともに祁連山の西、敦煌の東の地にあった。小国ではあったが、とりもなおさずその地帯が烏孫の故地《ふるさと》である。

やがて烏孫は月氏に攻め滅された。猟驕靡の父は殺され、故地も奪われた。当時、生れたばかりの猟驕靡は烏孫の大臣に守られて人民とともに匈奴に保護を求めた。

猟驕靡は匈奴単于にかわいがられて育ち、長ずるに及んでよく烏孫の遺民を統率し力をたくわえていった。やがて単于の許しをえて父の仇を討つべく月氏に攻め入り、これを西に敗走させた。その結果、月氏は現在の地、つまり葱嶺の西に移ったのだが、これについては前回報告した通りである。

猟驕靡は月氏の遺民をも統べて兵力も強大となり、月氏が去ったあとの天山山脈北麓を占め、今や匈奴から独立するに至った。

張騫はこのように歴史的経過を説明したあと、対策を建議した。

(1)　まず烏孫が河西回廊東部の故地に帰ることを保証すること。今や烏孫の故地は、月氏も西に走り、匈奴の勢力も駆逐されて、いわば空っぽになっている。もともと胡は己が故地に恋着するのを習いとしているから、故地への復帰には否やはないはずである。

(2)　同時に烏孫が求める漢の財物を厚く贈り、公主を猟驕靡の夫人としてつかわすこと。

(3)　こうして烏孫と兄弟の盟《ちか》いを結ぶ。そうすれば匈奴の右臂《みぎうで》を断ったも同然である。しかも今や烏孫は西域でも指折りの大国に成長しているというのだから。

こうして結論は明解だった。

——烏孫と同盟するならば、匈奴の西方を完全に制圧し、「威徳を四海に遍《あまね》くする」ことができる。そうなれば大夏はむろん、烏孫の西の大宛、康居《こうきょ》などの物産ゆたかな大国は漢に臣服し、西域経営は安定的に拡大するであろう。まずは烏孫と結ぶに如かず、というのである。

武帝は張騫の話を聞きながら眼から鱗が一つ一つ落ちる思いであった。たしかな見聞、胡《えびす》の風習と心にたいする深い洞察、そのうえでの足が地に着いた現実的な対策。どれ一つをとってもさすがに当代随一の西域専門家たるにふさわしい。この男はやはり軍事より外交、とくに対西域外交にむいているのだ。そのうえ、烏孫にも良馬を多く産するというのも魅力的だ。

武帝は直ちに張騫の建議を容《い》れ、張騫を長とする使節団を烏孫に派遣することにした。それにしても今や烏孫は、西域諸国のなかでも群を抜いた大国になっているというではないか。そこへ遣わす使節団長となれば庶人というわけにはいかない。武帝は張騫を中郎将に任じた。禁中警固の近衛軍副司令官ともいうべき官位である。

こうして張騫は不倒翁よろしく、みごとに復権を果した。

烏孫内属

博望侯を返上して庶人となって死罪を贖ってから二年後の元狩四年（前一一九）、張騫は長安を発って烏孫に向った。

今回の使節団の規模は、第一回出使の時をはるかに上まわるものであった。そこに武帝の期待と張騫にたいする信任の篤さがこめられていた。

まず従者の数は三倍の三百人であった。それに一人二頭ずつ、計六百頭の馬が配された。そのうえ牛羊は万を数えた。また巨額な金銀と幣帛《きぬ》が携えられた。そして、多数の副使を従わせ、それぞれに武帝の信節が託された。

こうした陣立てを編成するに当っては、張騫の第一次出使の時の経験にもとづく意見が反映されていたにちがいない。

まず三百人という従者の数であるが、途中で逃亡したり道にたおれていわば目減りすることが予想されている。第一次出使の時にもふれたように、当時、僻遠の地に行く場合、不良の徒や囚徒が動員されることがままあったのだ。また、このなかには兵士も交えられていたであろう。むろん使節団の目的は和平の結盟にあるのだから表むきは武装はしていなかったにちがいないが、途中、盗賊が出没したり、匈奴にそそのかされた小国の妨害に出会うことは十分考えられることであった。

一人二頭という馬の数が私には興味深い。張騫をはじめ、副使やいわば幹部の騎乗用のものもあったろうが、従者のほとんどは徒歩で、他の馬匹は巨額にのぼる財物や食糧・水の運搬用だったにちがいない。

一九八一年五月、「シルクロード」取材班の一員としてタクラマカン沙漠で一週間のキャラバンをした時、五十八頭のラクダが集められた。参加した人員はＮＨＫ取材班五名の他に、中国側取材班、地元の案内人やラクダ使いなど合わせて二十九名であり、まさに一人当り二頭のラクダが集められたのである。私たち取材班はそれぞれ一頭のラクダに乗ったのだが、それにもテントなどキャンプ用具が積みこまれたほか、半数以上のラクダは撮影機材、食糧、水を積んでいた。一週間の沙漠行では一人二頭というのがメドだというのである。

つぎに万を数える牛羊だが、これは途中の食糧であったにちがいない。

中国では古来、豚や鶏を飼い食用にしてきた。だが、牛馬を食べる習慣はなかった。牛は農耕などの役畜用であり、とくに馬の場合は、戦闘における重要な兵器でもあり、しかも対匈奴戦ではしばしば大量に失われたために漢王朝の歴代皇帝はその育成に腐心しており、馬の殺処分及び肉食はかたく禁止されていた。

ところで長期にわたって不毛の沙漠を行く時には、生きた動物が携行食糧として欠かせない。生きていれば腐敗しない道理であり、沙漠のなかにも動物たちの飼料になる草がまったくないわけではない。そうした事情は今日も変りない。私が経験したタクラマカン沙漠の取材行でも一匹の羊がつれられていた。はじめふしぎに思われたが、その理由を理解するのに時間はかからなかった。

この場合、じぶんの足で歩くということが大きな条件となる。今日でも鶏をつれて行くこともあるが、その場合はきちんとした運搬の方法と手段を講じなければならない。豚ともなれば運ぶにも歩かせるにも、かえって足手まといになるのは自明であろう。中国では豚や鶏の肉に比べて牛肉はあまり好まれないことは今日でも変りはないが、まったく食用にしないわけではなく、馬肉に比べれば膾炙《かいしゃ》している。羊は遊牧民族との接触によって、少しは食用として浸透していたであろう。おそらく張騫は第一次出使の経験で口に慣れていたにちがいない。そうでなければ、遊牧民の天地である西域の旅はできないことは今日も変りはない。

こうして携行される牛羊は万を数えるに至った。

つぎに巨額の金銀や幣帛などの財宝である。その主たる贈り先は烏孫王であろう。だが、そこに至るまでにはいくつかの国を通らなければならない。せいぜい人口数千、一万という小国であり、今日からみれば市町村というほうが手っとり早いオアシス国家にすぎないが、それぞれに王をいただいて独立している。そこを平和的に通過するためには、しかるべき財物を贈らなければならない。これも張騫がみずからの経験からわり出して建議したものであったにちがいない。

多数の副使を同行するというのも、周到な用意によるものであった。張騫の目的地は烏孫であり、烏孫王と対匈奴軍事同盟を成立させることであるが、あるいはさきの第一次出使のときに月氏との軍事同盟が成立しなかったように、今回も第一の目的は不発に終るかもしれない。だが、よしんばそうだとしても転んでも夕ダで起きるわけにはいかない。この機会に是非とも烏孫王の協力を得て、西の大宛、康居、月氏、大夏の諸国に使いを送りこみたい。それが副使に課せられた任務であった。こうして、多数の副使が同行され、かれらに携行させるためにも巨額の金銀・幣帛などの財宝が用意された。

張騫にとって、この第二次出使は第一次のときに比べればずっと自信にみちたものであったろう。そのうえ、出発の二年前の元狩《げんしゅ》二年（前一二一）には、霍去病の獅子奮迅の戦いによって匈奴の昆邪王が投降し、河西回廊は漢の支配下に入っており、第一次出使のときのように、その地で匈奴に捕えられる心配はまったくなくなっていた。

河西回廊の西端敦煌を出た張騫一行は、一望果てしない沙漠の道をほぼ真西にとって進んだ。やがて白龍堆《はくりゅうたい》の難所に出会う。はげしい風によって沙漠が浸食され、そのなかの地盤の堅い部分が残って風化土堆（ヤルダン）を形成する。シルクロードには、そうした風化土堆群があちこちにあるが、ここでは一面アルカリ性分（塩分）が噴き出し、まるで白い龍の群が大地に臥《ふ》しているように見える。こうして白龍堆と名づけられたこの地は、古来シルクロードの旅人にとって最大の難所の一つであり、それは今日も変りない。

一九八〇年四月、「シルクロード」の中国中央電視台の取材班は敦煌から楼蘭遺址をめざしたが、その途上で白龍堆に出会っている。その時の光景を取材班の団長屠国璧《とこくへき》氏はつぎのように記している。

「雪のように白い土堆が起伏し、陽光の下、眼を刺すような銀色の光を反射していた。……長くうねうねと起伏する土堆は、長さ数十メートルから百メートル、さらには千メートル余りに達するものもある。高さは七、八メートルから十数メートルまでのものがあり、すべての土堆は一定の方向に走り、渺々《びょうびょう》として雪峰が連なっているように見える。北側は切り立って堅く、南面はなだらかで軟らかい。そのことは明らかに北面が風の浸蝕を受け、削りとられて垂直になったことを示している。……白い土堆はまことに臥した白い竜のようで、頭が高く尾が細く、うねうねとのびていた」（屠国璧著、筆者訳『楼蘭王国に立つ』・一九八四年・日本放送出版協会）

少し長い引用になったが、張騫をはじめとする古代シルクロードの旅人が必ず通らなければならなかったこの道は、今日ではまったく交通路としてかえりみられることなく、むろん行き交う人もなく、それだけにこの記録は古代シルクロードの旅の苦難を思ううえで無二の貴重なものということができる。

屠国璧氏の報告によれば、白龍堆は東西二十五キロ、南北八十五キロに及んでいるという。

中央電視台取材班は、白龍堆で恐ろしい砂嵐に見舞われた。

「やがて空には黄色い雲が覆いはじめ、辺りはしだいに暗くなってきた。

風が起ったのだ。風はめまぐるしく強弱をくりかえし、白竜堆に白煙を巻き上げ、〝白竜〟たちは鋭い唸り声をあげた。白銀の世界はたちまち朦朧となった。唸り声はますます大きくなり、鬼哭を聞くように身の毛がよだった。これこそ、あの『精霊の招き』ではないだろうか」(前掲書)

ここに「あの『精霊の招き』」というのは、張騫からおよそ七百年余り後にインドに取経に赴いた玄奘三蔵が『大唐西域記』のなかで恐怖をもって記しているところである〔第二章参照〕。大沙漠のなかで人はしばしば「精霊の招き」にさそわれて道を失い命を落とすというのである。

この白龍堆の難所を張騫がどのように通過したかについては、『史記』にも『漢書』にも記述はない。だが、たとえば砂嵐の時には一行に前進停止を命じ、じっとそれがやむのを待たせ、「精霊の招き」に乗るようなことはなかったであろう。史書が張騫の人となりについて「堅忍不抜の意志」のもち主という時、張騫が冷静な判断と行動で危機をのりこえたことをその報告のはしばしから知ったうえでの万感をこめた讃辞であったにちがいない。なんとまた忍耐強く、冷静で意志の強い男よ——

進むべき方位の測定は、日月はむろん、星の運行が手がかりとされたにちがいない。中国では古来、暦法を定める基準として天文学が興っていた。それについては『史記』天官書にくわしいが、たとえば惑星のなかではもっとも明るい木星が「歳星」とよばれて重視されており、「夜明けに東に出、夕暮に西に沈むのが普通である」と認識されていた。

時間の経過については、古くから「表」とよばれる、いわば日時計が用いられていたことが知られている。「表」は棒を立てて日あしを測定するもので、その表柱を立てる「表座」とよばれる用具が、遠く紀元前五世紀の周代から用いられ漢代にも行われていたことが『宣《せん》和《な》博古《はくこ》図《ず》』（宋の王黼《おうふ》等の奉勅撰）に見える。

空漠たる沙漠を行く張騫はこうした古代のいわば科学知識を身につけていたと考えるほうがしぜんであろう。むろん第一回出使に際しても応用されていただろうし、第二回ではいっそう習熟していたにちがいない。

こうして張騫一行は西に進み、やがて塩沢（ロプノール）・楼蘭の北端を通り、さらに沙漢をこえて天山南麓の車師《しゃし》前《ぜん》国（トルファン）に至った。そして天山南麓沿いに焉耆《えんぎ》（カラシャール）、亀茲《きじ》（クチャ）等を経て、温宿《おんしゅく》国（アクス）から西北に転じて天山の峡谷をこえて烏孫に入った（王育民『中国歴史地理概論』上冊）。このルートは漢代にふつうに使われていたもので、のちの玄奘三蔵もこの道を辿ってインドに向っている。

　白龍堆をはじめ大沙漠の難所をこえる艱難ははかり知れなかったことはむろんだが、今回の第二次出使は第一次に比べれば順調だった。何よりも、この道すじでは匈奴の影響力がほとんど排除されていたからである。すでに記したように第二次出使の二年前には、霍去病によって河西回廊が制圧され、この地帯を支配していた匈奴の昆邪王が投降していた。その後も、漢にたいする匈奴の侵攻はつづいていたが、それは右北平《ゆうほくへい》（現在の遼寧省南部）や定襄《ていじょう》（山西省北辺）など漢の北辺にかぎられていた。

　さて、『漢書』西域伝によれば、当時、「烏《う》孫《そん》国は大昆弥《だいこんび》（王）が赤谷《せきこく》城に治《みやこ》し」ていた。

　赤谷城は、古代から今日に至るまで中央アジアの母なる河といわれるシル・ダリアの上流ナリン河の岸辺にあった。この赤谷城を中心に、烏孫は西は旧ソ連領キルギス共和国東北部にあるイシククル湖に至るまで、天山山脈北麓の広大な地を占めていた。かつて匈奴によって河西の故地を追われた月氏が一度は占めた地を、猟驕靡がうばいとり、しだいに勢いを増していたのである。

　『漢書』西域伝によれば、当時の烏孫国は、「戸数十二万、人口六十三万、兵十八万八千八

百人」を擁していた。当時の西域諸国のなかでは屈指の大国ということになる。その風土、習俗、物産はといえば、

「土地は草原の平地で、雨が多く、寒い。山には松・樠《あきにれ》が多い。耕作・種植をせず、家畜を随《お》うて水・草をもとめうつり、匈奴と風俗を同じくした。国内に馬が多く、富人の所有する馬は四、五千匹にも達した」（小竹武夫訳）

今日も天山北麓は緑の草原にめぐまれた遊牧民の天地であり、『漢書』に記された烏孫国の国情が彷彿としてくる。

ともあれ、張騫は烏孫国がかねて聞いたとおりの大国であり、しかも武帝が欲してやまない良馬が多いことを見て、やはり烏孫に来てよかった、出使のことを武帝に説いたのはまちがいではなかったと思った。

張騫はナリン河をのぞむ赤谷城の幕舎で烏孫王猟驕靡に目どおりすることになった。だが、そこで一つの悶着がおきた。猟驕靡が張騫に匈奴王単于に謁するときと同じ作法に従うことを求めたのである。前章で記したように、匈奴王は外国使臣には、まず信節を手放し、顔に入れ墨することを求めた。張騫は第一次出使の時、匈奴に捕えられてそれを知ったのだが、今また烏孫王がそれを求めたのである。張騫の胸に二十年前の第一次出使の時の屈辱感がよみがえった。そして、そうはさせじとねばり強く説得した。

「わが漢の天子は、臣張騫に莫大な金銀・幣帛《きぬ》を携えさせ、王にさしあげ、礼を尽くして誼《よし》

みを結ぼうというのです。王が漢の礼物に拝礼なさらず誼《よし》みに叛《そむ》くようなことがあるなら、それをお返し下さるよう願います」

この時、張騫の脳裡には一つの歴史故事が思いおこされていたにちがいない。

紀元前三世紀、戦国時代の一国である趙に代々伝わる「和氏《かし》の璧《へき》」とよばれる玉器があった。璧は環状の玉器で、まんなかをやはりまるくくりぬいたドーナツ型のものだが、厚さはそれほどはない。表面をみがきあげたうえ、瑞獣などの文様を刻みこむ。中国古代の帝王が好んだ玉器で、今もすばらしい璧が数多く出土しているが、ともかく「和氏の璧」は趙の国宝であった。

ある時、秦の昭襄王がそれを欲しいと言い出した。交換条件は秦の十五の城ととりかえようというのである。

秦はのちに始皇帝が天下を統一したように戦国諸国のなかでも最強であった。趙としては拒むこともならず、名臣藺相如《りんしょうじょ》が使者に立って秦に赴いた。

ところが、昭襄王は璧をうけとっただけで、交換条件についてはそ知らぬ顔であった。藺相如は怒りをおさえて言った。

「じつはこの璧にはキズがあり、〝完璧〟ではありません。今、そのキズをお教えしましょう」

と言って、昭襄王から璧をとりもどすと、一気に怒りを爆発させ、ものすごい形相で昭襄王を見すえた。見れば藺相如の髪は怒りで突ったち、冠が浮きあがるほどであった。

有名な「怒髪冠を衝く」(日本では「怒髪天を衝く」)の故事である。

張騫にしても「怒髪冠を衝く」思いだったにちがいない。だが、事は漢の西域経略、今日でいえば世界戦略にかかわることであり、是非とも武帝の信任にこたえて、烏孫と誼みを通じなければならない。張騫は怒りをおさえて、もち前の「堅忍の志と寛大な心」でじゅんじゅんと烏孫王を説いた。

張騫の説得に烏孫王も心を動かし、ついに「起って拝した」と『漢書』西域伝は記している。この烏孫王が拝したというのは漢の礼物にたいしてだったにちがいない。それはひいては漢の武帝を拝することを意味した。

張騫は礼物を贈ったあと、武帝の意のあるところを説いた。

「今、河西の烏孫の故地からは匈奴は一掃されています。そこに戻って下さい。そうなれば、漢は公主をつかわして王の夫人とし、ともに相結んで兄弟の国となり、匈奴を防げば二度と破られる気づかいはなく、平和が保たれるでしょう」

この策はもともと張騫の経綸《けいりん》にもとづくものであったから、言説には自信と力がこもっていた。

烏孫王猟驕靡は張騫のはなしに十分に耳を傾け、大臣たちと協議することを約した。だが、結論は否であった。

その理由の第一は、烏孫は漢から遠く、逆に匈奴に接して多年これに服属していたので、漢の勧めに従って故地に移り、ために匈奴を刺戟することを恐れたのである。

第二に、当時、烏孫は太子の位をめぐって国内が一触即発の内乱の危機にあった。猟驕靡には十余人の子がいたが、そのうちの一子が大禄《たいろく》（首相職）にあった。かれは兄弟のなかでも優秀で将たるの才があり、一万余騎を率いて猟驕靡と別居し、太子の位置をねらっていた。はじめこの大禄の兄が太子であったが、早死にした。その死の際に自分の子の岑陬《しんそう》を太子にするよう猟驕靡にたのみ、猟驕靡はそれを容れた。ために大禄は激怒し兄弟たちと結び、衆を率いて岑陬を攻めようと謀っていた。猟驕靡、岑陬ともそれぞれ一万騎を擁して大禄の叛乱に備え、辛うじて抑えていた。だが、時に猟驕靡は年老いていた。ために漢の勧めに従って国内すべてを統率して故地に移住することは、たとえのぞんだとしてもかなわぬ状態にあったのである。

この第二の理由を聞いては、さすがの張騫も烏孫東遷のことをそれ以上推進するわけにはいかなかった。だが、果実のないまま空しく帰るような張騫ではない。転んでもタダでは起きない、ねばり腰の外交手腕のみせどころである。

張騫は先の第一の理由の背景に、烏孫王猟驕靡も大臣たちも、漢王朝の国力、富、威勢を知らないことがあることを察した。そこで猟驕靡と交渉したうえ、漢へ使者を送ること、友好の証として烏孫の良馬数十頭を武帝に贈ることを認めさせたのである。さらに、張騫に同行した副使に通訳をつけ、大宛、月氏、大夏、安息（ペルシャ地方の王国パルティヤ）、身毒、于闐《うてん》等の諸国に無事に送りこませることを認めさせた。これが後に大きな外交的成果をもたらすことになる。

副使たちを各国に送り出した張騫は、烏孫の使者と通訳、良馬数十頭を携えて帰国の途につき、元鼎二年（前一一五）、四年ぶりに長安に帰った。

烏孫をもとの故地に東遷させ、匈奴に対する軍事同盟を結ぶという第一の目的は果せなかったものの、この張騫第二次出使の成果は、やはり武帝を満足させた。とくに数十頭の烏孫の良馬に武帝は大いによろこび「西極馬」と名づけた。西の涯てからきた駿馬というわけである。そして張騫は大行《たいこう》（外国使臣接遇及び交渉担当大臣）に任じられ、九卿に列せられた。

烏孫からの使者たちは張騫の介添で武帝に謁し、大いに歓迎された。そして長安城内を案内され「見学」した。かれらは長楽宮、未央宮、建章宮などの豪奢な諸宮、諸殿が軒をつらねる長安の壮麗さに目を瞠った。その間に高い塔のような建物が建ち並んでいることが、いっそうかれらの目を奪った。なかでも張騫が烏孫の使臣を伴って帰国した元鼎二年の春に建てられたばかりの柏梁台《はくりょうだい》が一きわ目を引いていた。香柏（ヒノキ）を梁《はり》としたことからその名がある柏梁台は高さ数十丈、その上には銅製の鳳凰が陽光を浴びて輝いていた。武帝はこの柏梁台に群臣を集めて酒宴を開き、詩作を競わせ、能くするものを上座に置くなどの催しを行っていた。

市内には二百六十六歩四方の市が九つもあって、さまざまな商品が商われ、物産ゆたかなところを見せていた。城外には若き日の武帝が造営に力を尽くした上林苑《じょうりんえん》があって、さまざまな樹木、禽獣が烏孫の使者たちの心を奪っていた。

張騫のねらいは的中した。

烏孫の使者たちは帰国後、漢の富と威勢について烏孫王に報告し、口々に讃辞を呈して誼《よし》みを結ぶよう進言した。これ以来、烏孫は匈奴の影響下から離れてしだいに漢に友好的になっていく。

こうして外国使臣を各地に案内し、帝都の壮麗さ、中国の「地大物博」ぶりをつぶさに見聞させ、かれらの報告を通じて諸外国に王朝の威徳を広める――それは以後、中国歴代王朝の伝統的な外交策の一つになった。

ともあれ、こうして張騫によって烏孫内属の端緒が開かれたのである。烏孫が内属すれば、武帝ののぞみどおり、西域への交通路はいっそう安泰となり、西域経営の基盤はいっそう強固なものになる。

だが、張騫じしんは西域経営の拡大と発展、いわゆるシルクロードの繁栄を見ることなく、烏孫から帰国した翌元鼎三年（前一一四）、この世を去った。

享年が何歳であったかは、生年が不詳なのでわからない。歴史上、名を残した人物で生年不詳というのは、当時ではめずらしくない。張騫の同時代人で武帝の臣として名を残している人物のなかにも多い。たとえば主父偃《しゅほえん》（?～前一二六）。武帝による中央集権の統一王朝確立にとって獅子身中の虫ともいうべき存在として各地に割拠した諸侯王の勢力削減に尽力した人物である。また、長江流域にあって武帝に叛旗をひるがえし独立国としての地位を保とうとした東越の平定に功のあった朱買臣《しゅばいしん》（?～前一一五）。法律家として刑法をととのえるうえで敏腕をふるう一方、密告制度を進め、あまりに酷しい刑の執行を行ったために〝酷吏〟として上下の怨みを買った張湯《ちょうとう》（?～前一一五）。儒家を尊重する武帝にたいし、清廉な老荘思想家としてつねに直言と諫言をして朝廷内で一目おかれた汲黯《きゅうあん》（?～前一一二）。都長安付近の鄭国渠《ていこくきょ》をはじめ各地で灌漑水利をおこし、農業生産の発展と民生安定につくした児寛《げいかん》（?～前一〇三）など枚挙に遑《いとま》がない。さらには前後七回出陣して匈奴討伐に功をあげ、武帝の右腕ともたとえられる衛青（?～前一〇六）でさえ、生年はわかっていない。『史記』の著者司馬遷に至っては正確な生年も没年も定かでない。

張騫のばあい、仮りに建元二年（前一三九）の第一次出使のとき、なお壮年の三十代だったとすれば、没年は五十代後半あるいは六十代ということになる。だが、享年はともかく、その死が多年にわたる疲労の蓄積の結果であったことはまちがいない。建元二年の第一次出使以来、死に至るまでの二十五年間のうち、実に十七年間を流砂の西域行に身を投じているのだ。さらにその間、二度にわたる対匈奴戦への出陣、西南夷道開拓に尽力し、文字通り席の暖まる暇さえなかったのである。今日でいうならば、まさに〝過労死〟ということができよう。烏孫への第二次西域出使の翌年に没しているのが、そのことを暗示しているように思えてならない。

その意味では、衛青と並んで軍事面でのシルクロード開拓者であった霍去病も同様であった。霍去病は生没年ともはっきりしており、元狩六年（前一一七）、張騫に先だつこと三年前に世を去った。時にわずか満にして二十三歳であった。夭折である。その間、元朔六年、弱冠十七歳で叔父の衛青の軍に従って匈奴戦に初陣を飾って以後、前後六回、流砂を進み、山を越え、河水をわたって辺境に奮戦した。その行動範囲は西は河西回廊から東は右北平（遼寧省南部）まで、単純な直線距離でも二千キロに及んでいる。その間を騎馬によって縦横に駆けめぐったのである。過労による夭折というほかないであろう。

霍去病は衛青とともに、武帝によってみずからの陵墓である茂陵の陪塚《ばいちょう》に葬られた。むろん二人の大なる功績を武帝が嘉したためであろうが、また二人が武帝の衛皇后の血縁のものであるという理由があるにちがいない。西域開拓の端緒を開いた張騫の霊は、故郷漢中《かんちゅう》東郊の城固《じょうこ》県に眠っている。

ともあれ、武帝の信節をうけて大使節団を率いて未知の国に使いすることは、一介の郎官であった張騫にとって無上の名誉であったにちがいない。だが、荒蕪《こうぶ》の沙漠をこえる一行を統率し、風俗習慣、儀礼、言語の異る国々との外交交渉を果すことは、たとえ「堅忍の志と寛大な心」のもち主であっても、身心ともに労苦の大きさは想像に余りある。それは、九卿に列せられるという破格の恩賞によっても、結局は癒されることがなかったのである。

張騫は武帝をして「雄才大略」の帝王たらしめるために犬馬の労をとって逝った。そして死後、その蒔いた種は大きな果実をもたらしていく。それは「張騫効果」ともいうべく、かれの「鑿空」の事業はたしかにうけつがれ、シルクロードはしだいに強固に幅広くなっていく。

広がる波紋——張騫効果

張騫が死んで一年ほどたつと、張騫に率いられて烏孫を訪れ、烏孫から大夏などの西域諸国に派遣された副使たちがつぎつぎと帰国した。かれらは、それぞれの国から答礼使を伴っており、相携えて武帝に謁見して、それぞれの国情についてつぶさに報告した。

前漢時代の西域諸国の事情については、主として『史記』大宛列伝と『漢書』西域伝に伝えられている。このうち、前者は主として張騫の第一次出使後の武帝への報告をもとにしているのにたいして、後者は漢が西域経営の軍政万般にわたる統轄官庁として設けた西域都護府の調査をもとにしている。そのことは、諸国の国情説明のなかにほとんど「都護の治所（都護府のあるところ。烏塁《うるい》。現在のトルファンとクチャのほぼ中間点）から何里」という記述があることからも明らかである。そしてとうぜん『漢書』西域伝のほうが、記述がいっそう詳細かつ広汎になっている。

ところで、西域都護府の設置は武帝の代ではなく、二代後の第九代宣帝の神爵《しんしゃく》二年（前六〇）のことであった。張騫が第一次出使をして帰国してから六十六年後のことである。西域都護府開設までに要したその時間は、まさに武帝以後、漢王朝の西域進出にたいする匈奴や周辺諸国の抵抗、かれらとの軋轢を排除し解決するための時間であった。だが、その間にも、張騫によって開かれた西域諸国との交渉はしだいに発展拡大し、西域諸国にかんする情報は、しだいに量を増し、今日私たちが『漢書』西域伝で知りうるものに近づいていたにちがいないと考えられる。

とくに、パミール以西の罽賓《けいひん》（カシミール地方の国）、烏弋山離《うよくさんり》（アレキサンドリア）、安息、条支《じょうし》（シリア）、月氏、大夏、康居、大宛などの国々については、そのほとんどが都護の管轄に属していなかっただけに、漢から赴いた使者やかれらに伴われて漢に来た答礼使たちの話が大きな情報源になったにちがいない。かれらの武帝への報告は、とうぜんのことながら担当官によって記録されており、それはしだいに質量を増していったはずである。武帝即位直後、月氏の投降者から得たわずかな情報を手がかりにはじまった張騫出使のときのことを考えれば、情報量は飛躍的に増えたことになる。

これら西域諸国の使者たちはまた、各国の珍貴な物産を携えてやってきた。これまで見たこともない珍獣奇禽ももたらされた。さらに奇術や西域音楽など到来品は多岐にわたっている。むろん漢からも、それまで西域になかった物産や技術が移出され、シルクロードを通じる東西文化交流の幕あけとなった。どのようなものが伝来し、それらがそれぞれにどのような影響、効果をもたらしたかについては次章にまとめて記したい。

西域諸国から来た使節たちは、張騫が烏孫から伴ってきた使節たちと同様に、長安城内外のあちこちを案内され、漢王朝の富と威勢をつぶさに見聞した。帰国後のかれらが、漢の威徳をひろめ、漢との友誼を推進する役割を果したのは、とうぜんのなりゆきであった。

張騫効果のなかでもとくに顕著だったのは、使者となって流砂の西域に行くことをのぞむものが激増したことであった。なにしろ、二度にわたる西域出使で、郎官から列侯となり九卿にまでなった張騫である。かれにあやかろうとするものが陸続としてつづいた。下級の吏士たちは、武帝に上書して西域諸国との交渉の利害について論陣を張り、みずから使者になることをのぞんだ。張騫出使のときには考えられない状況が現出したのだが、西域が僻遠の地であり、やはり通常には人が喜んで行く地ではないという事情には変りない。ために武帝は、吏士たちの言を聴きいれ、その出身や身分を問わずに信節を与え、多数の従者をつけて使節団として送り出した。

こうして張騫の死後数年の間、武帝は一年間に多い時には十余組、少い時でも五、六組の使節団を西域諸国に送った。一組の人数も多いもので数百人、少いものでも百余人に及び、ために往路と帰路を行く使者たちが道ですれちがうほどであったと、『漢書』張騫伝は伝えている。

こうなると、なかにはいわば山師的な一旗組がまぎれこむのはとうぜんのなりゆきであった。とくに武帝が、外国との交渉の成否について「大言する者には信節を与えて正使とし、ややひかえめに言う者は副使としたので、妄言・無行（でたらめな行ない＝訳註）の徒がみな相い争うて」使者に立った（『漢書』張騫伝・小竹武夫訳）。

なかには外国への礼物として携えた莫大な金銀や幣帛を私物化し、あまつさえ外国に売りつけて私利をはかるものまで現われた。むろん武帝は酷しく取り調べさせ、罪が明らかになれば重罪を科した。だが、それというのも、かれらが重罪に発奮し、罪を贖うためにふたたび西域行をのぞむことに武帝のねらいがあった。ムチをアメに転化しようというのだ。

それほどまでに西域行の使者の多からんことを武帝がのぞんだのは何故か。とりもなおさず、聞き知った西域の珍貴な物産を手に入れたいがためであり、とくに大宛の良馬は垂涎の的であった。そのためにのちに二度にわたって大軍を発しているが、これについては次章でふれる。

「雄才大略」をうたわれた武帝であるが、己が欲するものにたいしては、時に手段を選ばぬとまでは言わないにしても、かねての英明さを失うところがあった。不老長生の薬と仙術を手に入れることが、武帝にとって終生のねがいであったが、そのためにつぎつぎと方士（不老長生の仙術を身につけたと称する者）を登用しては、つぎつぎと欺かれていた。それはしだいにエスカレートし、ついにはみずからの帝位の根底をゆるがすことになる。中国史上でも屈指の「雄才大略」の皇帝の、いわば影の部分であるが、この間の事情は拙著『紀行 漢の武帝』（一九九〇年・新潮選書）に詳述した。

ともかく、こうしてつぎつぎと漢使がくり出されると、それを迎える西域諸国は応接に寧《ねい》日《じつ》なく困惑さえ生じていた。なかでも、山師的な使者たちがかれらを憤激させていた。使者のなかには「博望侯」、つまり張騫の名を騙《かた》り、かれの名声を利用して西域諸国を欺き、あるいは強圧的態度でのぞむものもあった。「虎の威を借《か》る狐」である。「寛大な心で蛮夷に愛された」という張騫には、微塵もそのような態度はなかったであろう。「シルクロードの開拓者」としてすぐれた資質と人となりをもち、それ故に西域諸国から人望をかちえた張騫の栄誉は今いずこ、という状況があちこちで現出していた。

こうしたなかで一つの事件が楼蘭と姑師《こし》（現在のトルファン東方）で起った。

楼蘭と姑師はいずれも西域の東辺にあり、漢が西域諸国に至るためには必経の地であり、交通の要衝であった。つぎつぎとやってくる漢使の求めに応じて食糧と水を供給し、道案内人と通訳を提供しなければならなかった。だが、ともに小国であって、その負担はしだいに耐え難くなり、その機に乗じて国内の親匈奴派が勢いを増した。

時に元封三年（前一〇八）、漢使王恢《おうかい》の一行が両国から便宜供与を十分に得られず、あまつさえ親匈奴派によってひき入れられた匈奴兵によって行く手を遮られるという事件がおきた。

武帝は従驃侯趙破奴《ちょうはど》を遣わし、属国の騎兵（漢に内属した西域諸国の騎兵）及び郡兵（正規兵）数万を率いさせて、楼蘭と姑師を討たせた。こうなると二つの小国はひとたまりもない。趙破奴は数万の兵は不要とばかり、精鋭七百の軽騎兵を率いて楼蘭に攻めこみ、たちまち楼蘭王をとらえ、姑師を攻め破った。

規模はともかく、これは漢による河西回廊以西の西域諸国への最初の武力発動であった。漢が楼蘭国を滅して屯田兵を送り、西域経営の拠点とするのは、武帝ののちの第八代昭帝の元鳳《げんぽう》四年（前七七）であったが、この元封三年の趙破奴の楼蘭攻めは、その先蹤《せんしょう》であり、なによりも西域諸国への史上はじめての武力行使として、長く歴史の記憶にとどめられた。以後、楼蘭の名は中国に一挙にあがり、西域の代名詞にさえなる。趙破奴の楼蘭攻めからおよそ八百年後の唐の詩人王昌齢は七言絶句「従軍行」三首をよんだが、次に紹介するのはその第二首である。

青海長雲暗雪山　青海の長雲　雪山暗し
孤城遥望玉門関　孤城遥かに望む玉門関《ぎょくもんかん》
黄沙百戦穿金甲　黄沙百戦　金甲を穿《うが》ち

不破楼蘭終不還　楼蘭を破らずんば終《つい》に還《かえ》らず

唐の時代、最大の外患は吐蕃（チベット）であった。八世紀後半、唐王朝が安禄山《あんろくざん》の乱で混乱した機に乗じて、吐蕃は唐の辺境を侵し、タリム盆地（中国領シルクロード地帯）・甘粛・四川・陝西西部など中国の西辺に勢力を伸ばしていた。内には安禄山の乱をひきがねとした史思明《ししめい》の乱、さらには地方豪族の叛乱を抑え、外には吐蕃の侵攻をくいとめることが玄宗退位後の唐王朝の最大の課題であった。唐王朝存亡の危機感のなかで、人びとの目は西域に集った。その時、歴史の記憶のなかから楼蘭という地名がよみがえり、西域の代名詞となったのである。その時は、とくに楼蘭が唐と吐蕃の間で争奪戦がくりかえされる要衝の地ではなかったにもかかわらず――

王昌齢の「従軍行」によまれた玉門関も、じつは漢の趙破奴の楼蘭攻めの後に、中国人の間にクローズアップされ、強く意識のなかに刻まれたのである。

『漢書』西域伝はいう。

「かくて漢は亭障を玉門関まで列《つら》ねた」

かくて、というのは趙破奴が楼蘭王を捕え降伏させてから、の意である。「亭障」は長城とその要所要所に設けられた烽火《ほうか》台及び兵営などの軍事施設である。

万里の長城といえば、秦の始皇帝の時、その西辺は甘粛省東部の臨洮までであった。その後、元狩二年（前一二一）の霍去病による河西回廊の制圧によって、令居《れいきょ》県（現在の蘭州市付近）の西にまで伸ばされた。それから十年余り後に、今や玉門関まで列ねられたのである。玉門関は敦煌の西北七十キロにあり、蘭州からはおよそ千二百キロ西に当る。今も空から見れば、高さ五メートルほどの土塁の連なり――漢代長城がゴビの中に蜿々《えんえん》とつづいているのを見ることができる。

こうして趙破奴による中国史上最初の楼蘭攻略、つまりは西域への軍事発動以後、玉門関は漢土と異境の西域を分かつシンボル的存在として意識されるようになった。これについては、玉門関の現状とあわせて、次章でふれたい。

さて、張騫が第二次出使をして烏孫王猟驕靡に申し出た漢の公主降嫁の件は実現が少しおくれ、元封六年（前一〇五）のことであった。張騫が帰国してから十年後のことである。

その十年間は趙破奴による楼蘭攻略があったわけだが、西域関係についていえば、張騫の第二次出使の結果、漢と西域との間に使者の往来が繁《しげ》くなり、一応の安定をみていた。趙破奴の楼蘭攻略も、漢使の通過の安全を保証するために起されたのである。武帝の関心は、この間むしろ他の辺境にむけられており、その対策に忙殺されていた。年表風にあげてみると

――

元鼎六年（前一一一）　南越（広東、広西境域）、西南夷（雲南を中心に四川南部及び

元封元年（前一一〇）　貴州西部を含む）を平定
元封二年　東越（福建境域）を平定
　　　　　滇《てん》国（雲南にあって最後まで自立を保つ）を平定
元封三年　朝鮮王右渠《ゆうきょ》が内乱で殺されたのを機に、楽浪《らくろう》郡を置く

右にかかげた年は、むろん平定を完了した年である。その前に一年から二年の軍事行動を伴っている。こうして、この十年間に漢の版図は、吐蕃（チベット）と東北（旧満州）の北部を除けば、現在の中国とほぼ同じ規模になり、それに加えてベトナム北部、朝鮮北部にまで及んだのである。

むろん、この間も張騫を通じて烏孫王に申し出た公主降嫁のことは、武帝にとって気がかりではあったろう。だが、右のように他の辺境問題に忙殺されていたうえ、直接的には故地（河西回廊東部）への移住を烏孫が拒んだことが、武帝を躊躇させていたにちがいない。故地への東遷が、公主降嫁のいわば交換条件だったのである。

だが、そこへ起ったのが楼蘭による漢使王恢妨害事件であり、趙破奴の出撃であった。張騫の二度にわたる出使の功で開かれた西域との交渉の道ではあるが、やはり手篤い対策をおこたれば道はとざされる。いわばアフターケアを篤くしなければ、せっかくの張騫の労苦と功も無為になる——武帝はそう考えたにちがいない。

一方、烏孫の方では、烏孫が漢と誼みを通じたために匈奴の怒りを買い、その攻撃にさらされようとしていた。そこで烏孫は良馬千頭を結納として贈り、漢の公主を娶り、兄弟の盟を結びたいと願い出た。

こうして漢と烏孫のおもわくと利害が一致した。むろん武帝にとっては良馬千頭というのも魅力だった。

烏孫王猟驕靡に嫁せしめられる公主として選ばれたのは、江都王劉建の娘劉細君であった。数多くの公主のなかから何故劉細君が選ばれたのか、史書には詳《つまび》らかではないが、つぎのような事情があった。

細君の父劉建は武帝の甥である。だが、元狩元年（前一二二）、武帝の叔父の淮南《わいなん》王劉安《りゅうあん》と衡山《こうざん》王劉賜《りゅうし》が叛乱をおこした時、劉建はそれに通じ、ために武帝からにらまれていた。しかも、もともと淫乱暴虐な行いが多く、江都国内は不穏な空気が満ちていた。ために武帝の勅使に問責をうけ、元狩二年、劉建は自殺に追いこまれ、江都国は廃絶された。いわばお家断絶の状態にあって、劉細君の身分は不安定なものになっていた。

匈奴をはじめ異民族の王に公主を贈る政略結婚は、漢王朝成立以来の、いわば父祖伝来の政策であったが、なにしろ、風土・風俗習慣・言語の異る異境に送るのである。公主選びが必ずしも積極的な理由によらないのはとうぜんであった。それは西域諸国への使者選定の事情にも共通するところである。

父の所為については、劉細君に罪はないにちがいないが、こうして烏孫王に嫁ぐことになり、烏孫公主と称された。かの女が残した「悲愁歌」の一部は前章で紹介したが、ここに全詩をかかげよう。かの女の悲嘆が惻々《そくそく》として伝わってくる。

吾家嫁我兮天一方　吾が家我を嫁す　天の一方
遠託異国兮烏孫王　遠く異国に託す　烏孫王
穹廬為室兮旃為牆　穹廬を室と為し　旃を牆と為す
以肉為食兮酪為漿　肉を以て食と為し　酪を漿と為す
居常土思兮心内傷　居常《つね》に土思《どし》し　心内傷《いた》む
願為黄鵠兮帰故郷　願わくは黄鵠と為りて　故郷に帰らん

詩中の「兮」は、中国語で〝xi《シー》〟、日本語の音読では〝けい〟と読む。詩句の調子を整える語で、発音はするが意味はもたない。

『漢書』西域伝によれば、烏孫公主の輿入れに当って、武帝は乗輿・衣服など御用の品々を賜り、お付きの属官・宦官・侍者数百人を従わせて盛大に送り出したという。だが、烏孫公主の憂愁はどれほど癒されたろうか。

烏孫王猟驕靡に嫁いだ烏孫公主であるが、会うのは年に一、二回であった。しかも、猟驕靡はすでに年老いており、まもなく孫の岑陬に再嫁させられる。親族が老いたり死んだ時、その妻や未亡人が他の親族に嫁すのは、匈奴や烏孫など遊牧民に共通する習俗であった。公主は上書して、その習に馴染めず再嫁の件をとめるよう訴えたが、武帝の答えは烏孫の習に従えというのみであった。公主は岑陬との間に一女をもうけ、故郷に帰ることなく烏孫の地で生涯を閉じた。

烏孫公主が死ぬと、岑陬のもとに解憂《かいゆう》公主が送られた。解憂公主は烏孫公主とちがって積極的に烏孫にとけこみ、子を多くもうけ、さながら女王のような存在になる。かの女については、またのちに記すとして、烏孫公主が漢と烏孫の友好、ひいてはシルクロード開拓と発展の礎となったことはたしかである。

こうして張騫の二度にわたる西域出使は、その後、さまざまな人物に波紋をひろげながら、歴史的にはシルクロードの東西交渉の大道を開く基となったのであった。

第四章　人跡たえぬ流砂の道

葡萄・珍宝そして音楽——西域から漢へ

張騫の出使以前、西域諸国にとって漢は遠く離れた未知の国であった。それにたいして匈奴は身近な存在であった。むろん匈奴はつねに軍事的脅威と圧力を加える存在であったから、けっしてシンパシーを抱く対象ではなかったけれども、さればといってそれがただちに漢への傾斜と友好に結びつくことはなかった。張騫の対匈奴同盟の申し出にたいする月氏《げっし》と烏孫《うそん》の反応をみれば、それは明らかである。

だが、張騫の人となりと粘り強い外交的努力、加うるに衛青・霍去病による軍事的勝利によって、西域諸国の漢と匈奴にたいする秤《はかり》の目盛りは大きく漢に傾いていった。張騫の二度にわたる出使によって、西域諸国の漢にたいする関心は深まり、漢は身近な存在として認識されるようになった。こうして張騫によって開かれた西域諸国との道は、しだいにたしかな大きなものになっていった。西域から漢へ、漢から西域へ、流砂の道をさまざまな人が行き交い、互にたらざる物産が移入され、文化が交流したのである。

ここではまず、西域諸国から漢にもたらされたものについて見てみよう。

もっともよく知られたものに葡萄《ぶどう》と苜蓿《うまごやし》がある。『史記』大宛列伝はいう。

「大宛及び近傍の諸国、蒲陶《ぶどう》を以て酒を醸《かも》す。富人は酒を蔵すること万余石なり。久《ふる》きものは十数年にして敗《いた》まず。人は酒を嗜《たしな》み、馬は苜蓿を好む。漢使、其の実を取り来り、天子、始めて苜蓿、蒲陶《ぶどう》を肥饒の地に種《う》えり」

ここにいう天子が武帝であることはたしかだとして、漢使とは誰か。これについて、歴代の薬物を総覧した明の李時珍《りじちん》の『本草綱目』は、いずれも張騫だとしている。葡萄についてては、

「張騫、西域に使いして還り、始めて此の種を得たり」

とあり、苜蓿については、

「漢使張騫、中国に帯び帰り、然うして今、処々の田野に之有るなり」

と記している。

この張騫将の来説にたいして、さまざまな角度から否定したのは桑原隲蔵であった（『桑原隲蔵全集』第三巻「張騫の遠征」）。そのなかで、張騫の遠征が峻嶮をこえるなど困難をきわめ、かつ帰路において匈奴に捕えられたことを考えると、果してその種実をもちかえることができたかと疑問を呈している。そして明らかに張騫以後の別の使者によってもたらされ

たと考えるのが穏当だとしている。

　葡萄と苜蓿について記した『史記』大宛列伝の記述の文脈からみても、桑原説は妥当ということができる。だが、それにしてもこの二つの新種が張騫の二度にわたる出使によって道が開かれた漢と西域諸国との交渉の結果もたらされたものであり、大いなる張騫効果の一つであったことはたしかである。そして、李時珍ほどの学者でさえ張騫将の来説をとったところに、中国における後世の人びとの張騫への讃仰の念の強さを知るのである。

　こうして漢使によってもたらされた新種を、武帝はこよなく珍重した。そして、「離宮、別観（別荘）に尽《ことごと》く蒲陶・苜蓿を種《う》え、一望を極めた」（『史記』大宛列伝）のである。

　若き日の武帝が、みずからの意志で修復・拡張させた上林苑《じょうりんえん》にも種が播かれたことであろう。やがて珍貴な実をつけた葡萄や風にそよぐ苜蓿の緑の葉を見て、武帝は西域経略に思いをはせ、張騫の労苦と功を思いおこしていたことだろう。そして「これは今は亡き博望《はくぼう》侯張騫が運んできてくれたのだ」という武帝のことばを、側近たちは何度となく耳にしていたにちがいない。

　葡萄の名の由来について、李時珍の『本草綱目』は、葡萄から酒をつくって「人、之を酺飲すれば、則ち陶然として酔う。故に是の名有り」としている。これにも異説はあるけれども（前掲『桑原隲蔵全集』）、第一次出使の際に張騫が大宛ではじめてもてなされ、やがて武帝は長安の宮殿でたしなんで陶然とし、いよいよ西域諸国との交渉の繁からんことをのぞんだであろうことはまちがいない。シルクロード開拓史のなかに、そうしたシーンを心なごむ一コマとして挿入したいと思う。

武帝がたしなんだであろう葡萄酒は、流砂の道をはこばれてきた、いわば輸入品であった。葡萄酒が中国でつくられるようになるのは、前漢末期であった（林剣鳴《りんけんめい》他編著『秦漢社会文明』）。

以来、人びとは葡萄酒を飲めば陶然として西域に思いをはせた。唐の詩人王翰《おうかん》に有名な七言絶句「涼州詞」がある。

葡萄美酒夜光杯　葡萄の美酒　夜光の杯
欲飲琵琶馬上催　飲まんと欲して　琵琶馬上に催す
酔臥沙場君莫笑　酔いて沙場に臥すも君笑うこと莫《なか》れ
古来征戦幾人回　古来　征戦　幾人か回《かえ》る

艶やかな肌が月光に妖しく光ることからその名がある「夜光杯」は、西域の霊山とされた崑崙から出る玉でつくられた。何者かが馬上で弾く琵琶も西域伝来の異国の楽器だ。こうして、見るもの、手に触れるもの、耳にするもの、口にするもの、すべてが異国情緒をかもし、陶然とさせる。そして人は悲壮感に酔った。

天山山脈南麓のトルファン盆地は、今日、世界的な葡萄の産地になっている。夏、見わたすかぎりの葡萄畑にたわわな実がさがり、色とりどりの矢絣模様の民族衣裳を着たウイグル族の娘たちが、竹かごに実を摘んでいる。その形も色も多種多様だ。『本草綱目』に、「其の円《まる》き者は草龍珠《そうりゅうしゅ》と名い《い》、長き者は馬乳葡萄と名い、白き者は水晶葡萄と名い、黒き者は紫葡萄と名う」

と記されているが、これらの種類、形、色、そして名称も今日にうけつがれている。トルファンでは葡萄酒も多くつくられている。また、今、日本に来ている乾葡萄はほとんどがトルファン産だと考えてまちがいない。

苜蓿はその名の通り馬の飼料として珍重されたが、そのほかに緑肥ともなり農耕に大いに益するところがあった。その小粒の黒い実は「穄米（うるちきび）」の如くで食用にもなり、救荒食糧として用いられた。

かつて武帝の離宮や別荘にさかんに植えられたという葡萄も苜蓿も、今は西安の周辺ではほとんど見ることはできない。ただ、西安の西五十キロほどにある茂陵（武帝陵）の辺りには、今も夏の終りに苜蓿が小さな薄紫の花を咲かせ、武帝と張騫によるシルクロード開拓の事業をしのばせている。

西安はかつての漢・唐の都であり、名所旧跡が多い。驪山《りざん》もその一つである。

西安の東二十五キロのこの地には、唐の玄宗と楊貴妃のロマンスの舞台として名高い華清《かせい》池《ち》温泉がある。二人を中心に綴られた波乱にみちた、そして艶やかな歴史を伝えるように、今もこの地には夏の初めになると石榴《ざくろ》が深紅の花をつけ、道行く人の目をひきつける。石榴は、史書に「安石榴《あんせきりゅう》」という語があるように、安息、つまりパルティヤ＝ペルシャからやはり流砂のシルクロードを渡って漢に到来したものであった。以来、その鮮やかな花の色が人びとに愛され、歴代詩人に賞でられた。唐の詩人于《う》藍《らん》に七言絶句「千葉石榴花《せんようせきりゅうか》」がある。

一朶花開千葉紅　一朶　花開けば　千葉　紅《くれない》なり
開時又不藉春風　開く時　又　春風に藉《よ》らず
若教移在香閨畔　若し香閨《こうけい》の畔に移し在ら教《し》めば
定与佳人艶態同　定めて佳人と艶態を同じくせん

「香閨」は美しい女性＝佳人の住む部屋の謂だ。今は、この香閨の主に楊貴妃を置いてみたい。玄宗をして城を傾け国を傾けしめたほどの美貌と妖艶にめぐまれた楊貴妃も、西域伝来の石榴には目がなかった。かの女の香閨があった華清宮内の七聖殿の周りには、かの女の手植えの石榴の樹が立ち並び、千枝万朶の花が主《あるじ》と艶態を競っていた。

こうした楊貴妃にまつわる故事もあり、また石榴の実がたくさんの粒をたくわえることから〝多子多孫〞を象徴するものとして歓迎され、以来、驪山周辺の村落には石榴が多く植えられてきたのだという。近年では毛沢東が花も実もともに石榴を好んだといわれるが、その意は奈辺にあったのだろうか。

このほかにも史書には多くの西域伝来の植物が記載されている。胡瓜、胡蔴、胡桃、胡椒など、いずれも胡《えびす》の字が冠されている。

胡瓜は今日の中国語でいう〝黄瓜《ホワングワ》〞、つまりキュウリで、烏孫・月氏から伝来した。胡蔴は中国では〝芝蔴〞とよばれ、ゴマであり、大宛から移入された。胡桃は核桃とも表記し、くるみであり、石榴とともに安息から来たという。武帝もその実を美味とし、また木質が堅いことを嘉して、上林苑に多く栽培した。胡椒はむろん〝コショウ〞で、これはインドから渡来したとされている。さらに中国料理には欠かせないニンニクは、ふつう〝大蒜《ダーソワン》〞とよばれるが、これも古くは〝胡蒜〞と表記され、やはり西域伝来のものとされている。またニンジンは現代中国語で〝紅羅蔔《ホンルオボ》〞、つまり〝紅大根〞というが、これも〝胡羅蔔〞とも表記され、流砂の道をこえてきたものとされている。

こうして、張騫以後、さまざまな植物が西域から伝来し、農作物の種類をふやし、中国の食卓をゆたかなものにしていた。

これらの西域伝来の植物は、すべて上林苑で植栽され、上林苑はさながら到来珍種の植物園の観を呈していた。時あたかも西南夷、南越の平定も重なり（前章で既述）、それらの地方からも、長安にはなかった植物が到来していた。柑橘、龍眼《りゅうがん》（春に白い花をつけ、球形の実をつける）、甘蕉（バナナ）、枇杷、橙、檳榔《びんろう》（やし科の植物で実は薬用にする）、茘枝《れいし》、橄欖《かんらん》（オリーブ）などである。

季節ごとに色とりどりの花を咲かせ、実をつけるそれらの植物を見て、武帝はどんな思いであったろうか。西域伝来のものには張騫の労苦を思っていたにちがいない。

植物以外にも、西域からさまざまな物産が到来した。『漢書』西域伝によれば、安息国からは「大鳥の卵および犂軒《りけん》国の眩人《げんじん》」が献上され、武帝を大いによろこばせた。

「大鳥」は駝鳥で、漢にはいない珍禽であった。この時献上された卵が孵化したかどうかは、史書には記載がないけれども、やがて駝鳥そのものが移入され、人びとの目を奪った。何故あんなに大きな鳥が快足で疾走することができるのか。武帝からおよそ八百年のちの唐の第三代皇帝高宗と則天武后の合葬墓である乾陵《けんりょう》の参道には、文武の官、外国使臣、有翼の天馬、獅子などの石像と並んで、駝鳥の像を陽刻した石碑があって、この珍禽にたいする中国人の刮目《かつもく》ぶりを今に伝えている。

つぎに犂軒《りけん》は、現在のエジプトのアレキサンドリア地方にあった国で、眩人は幻人、つまり奇術師であり、マジシャンである。

中国では古来、雑技とよばれる一種のサーカス、舞楽が盛んであった。そのことは、たとえば一九六九年春、山東省の省都済南で発掘された前漢時代の無影山《むえいざん》一号墓から出土した「西漢彩絵楽舞雑技陶俑」に見ることができる。六十七×四十七センチの長方形の陶盤の上で、四人が逆立ちの雑技を演じ、七人が楽器を奏で、二人が舞伎を演じており、古代中国の舞楽雑技のさまを伝えている。

こうした墓の副葬品は明器《めいき》とよばれ、死者の生前のくらしぶりを象《かたど》った陶製のミニチュアであり、死後もなおその栄華がつづくことをねがって埋葬された。邸宅・井戸・厨房・家畜など、いずれも写実的な明器は、当時の現実生活を反映した貴重な風俗・世相資料となっている。

さきの無影山一号墓の陶俑群には「眩人」は見当らない。当時、中国では奇術は盛んではなかったのであろう。張騫のシルクロード開拓後やってきた犂軒の眩人は武帝の目を瞠らせ、以後、中国古来の雑技に新しいレパートリーを加えることになった。そのなかには「呑刀吐火」「屠人截馬」などがあった。前者は文字通り人が刀を呑んだり火を吐いたりする奇術であり、後者は美人を箱の中に入れて大鋸で截《き》っても別条はないという奇術で、いずれも今日のサーカスではよびものになっている演《だ》しものである。

今日の中国でも各地に雑技団があって、海外でも公演を行って好評を得ており、雑技は中国の国技の感がある。そのなかで奇術はたしかなレパートリーの一部を占めている。

張騫によって交渉が開かれた西域諸国からは、さまざまな物産が武帝のもとにもたらされた。『漢書』の撰者班固《はんこ》は、その西域伝賛で大宛・安息からもたらされた物産について列記している。そのさまは、

「明珠（光り輝く玉＝筆者注・以下同）、文甲（たいまい、亀甲《べっこう》）、通犀《つうさい》（犀の角の芯で白くつややかなもの）、翠羽《すいう》（かわせみの色鮮やかな薄い羽）などの珍宝が後宮に満ち」「鉅象、獅子、猛犬、大雀の群れが外囿《がいゆう》に飼育され、諸異国の異物が四方から集ってきた」

というのであった。

こうした西域伝来の珍品・珍宝で、武帝は長安の宮殿を飾り、あるいは新殿を造営した。長安の古跡について記した宋代の撰になる『三輔黄図《さんぽこうず》』に、その模様がよく記録されている。

まず、夏の住居として清涼殿が建てられた。これはまたの名を延清室といい、紫瑠璃（紫のガラス）で帳《とばり》をつくり、玉晶で盤をつくって氷を貯え膝の前に置いたという。

また奇華殿が新たに建てられ、火浣布（石綿と苧蔴《ちょま》で織った防火衣）、切玉刀（玉を切るほどの鋭利な宝刀）、それに巨象、大雀（孔雀）、獅子など、四海夷狄の珍宝・珍獣が収められた。

漢長安城については、一九五六年から継続的に発掘調査が行われているが、その成果と『漢書』や『三輔黄図』などの史書の記載を総合すると、その壮麗さがよみがえる。長安城

内には未央《びおう》宮をはじめ長楽宮・長門宮・宜春宮など数多くの王宮が軒を並べていた。しかも、たとえば未央宮内には金華殿・神仙殿など三十余の殿宇の櫛比《しっぴ》しているなど、各宮内には数多くの殿宇が軒を連ねていた。殿宇のなかの柱の多くは銅貼りで、塗金が施されていた。梁はしばしば黄金、珠玉、翠羽で飾られていた。窓には緑瑠璃が嵌めこまれたものもあり、〝通明〟であったというから、今日でいうステンドグラスのようなものであったろう。そして宮殿の門の舗首《ほしゅ》（門環）の多くは金又は銀製であった。これらの装飾品の多くが西域伝来の珍宝であった。

こうした殿宇の造営や装飾がつづき、加うるに西域諸国からの使者に漢の威勢を示すためにしばしば盛大な宴が催されたために巨額の出費が必要とされた。ために塩・鉄・酒の専売制や商人が所有する車船などへの課税といった新税、皮の貨幣を発行することなど、皇室財政増加のための財政施策がとられ、それが民生を圧迫したと、『漢書』西域伝は記している（これらの財政施策およびそのもたらした結果については、前掲の拙著『紀行 漢の武帝』で記した）。

未知のものめずらしいものに出会えば、だれしも好奇の眼を輝かせ、はじめは疑いやがて感歎の声をあげることは古今東西変りはない。本書の冒頭にかかげた張騫天の河に到るという伝説を今日に伝えているのは『博物志』だが、『海内十洲記《かいだいじっしゅうき》』にも、つぎのようなエピソードがある。

天漢《てんかん》三年（前九八）、西海《せいかい》国王の使者が武帝に膠《にかわ》四両（一両は約十四グラム）を献上した。『史記』大宛列伝によれば、西海は地中海であり、西海国は条支、つまりシリアに比定されている。

武帝は大いによろこんで膠を倉に収めさせたが、半両ほどは使者に携行させておいた。どのように使うかを知りたいためであった。やがて武帝が甘泉《かんせん》宮（長安の北西七十キロにあった離宮）で狩をした時、武帝の弓の弦《つる》がきれてしまった。従者が張りかえようとしたところ、西海国の使者が進み出て例の膠で弦をつなげようという。武帝もまた左右のものもみな怪しんでいるうち、使者は膠を口に含んで濡らし弦をつないでしまった。武帝は力士二人に弦を引っ張らせたが、ついにきれることはなかった。

武帝は大いに怪しみ、左右のものは奇なりと称した。それにたいして使者が答えるに、「この膠は鳳の喙《くちばし》と麟の角を煮て作ったもので『続弦膠《ぞくげんこう》』あるいは『連金泥《れんきんでい》』といいます。断ちきれた弓の弦、折れてしまった刀剣をつなげることができるからです」というのであった。膠の色は「青きこと碧玉の如し」であったという。

『博物志』による張騫天の河行の話と同様、これも一流の伝説かもしれない。しかし、珍貴なものにたいする好奇の目、疑い、感歎の声が如実に伝わってくるような話ではある。

西域からもたらされたもののうち、中国文化史に大いに資するところのあったものの一つは音楽であろう。

『古今注』によれば、張騫は「摩訶兜勒《まかとうろく》」という楽曲を西域からもたらした。これについて西域音楽研究家の周菁葆《しゅうせいほ》がその著『絲綢之路的《シルクロードの》音楽文化』（一九八七年・新疆人民出版社）で、さまざまな角度から検討している。

それによれば、「摩訶」は梵語《サンスクリット》で〝大〟の意である。「兜勒」は六朝時代（三〜六世紀）の仏書では「兜佉勒」「兜佉羅」、『魏書』では「吐呼羅」と表記されるものであり、つづく『隋書』の「吐火羅《とから》」、唐の玄奘三蔵の『大唐西域記』の「覩貨邏《トカラ》」と一連で同一の地名をさすとしている。つまり、「摩訶兜勒」は「大兜勒」＝「大吐火羅《トカラ》」であり、つまりは大夏の楽曲だというのである。

こうした新しい胡曲、外来音楽は在来の音楽にとっては異文化であり、その流入は中国古来の正しい音律を乱すおそれがあった。たかが音楽という勿《なか》れ。孔子を祖とする儒家の説では礼と楽こそが人間陶冶の根本であり、正しい音楽を淫することなく伝えることは至上のことと考えられていた。中国史上はじめて儒学を国教とした武帝にとって、西域との交渉の拡大、今日風にいうならば国際化時代を迎えて、流入してくる音楽をどのように扱い位置づけるかはゆるがせにできない問題であった。

だが、進取の気性をもって張騫を西域に送り出した武帝である。張騫の出使が幾多の艱難を克服したことを知れば知るほど、張騫がもたらした情報や物産や文化をうけ入れ活用しようとしたであろう。新しい西域音楽も、それを拒むのではなくうけ入れて、在来の音楽のなかにしっかりと位置づけようとした。

張騫が第一次出使から帰国して六年目、第二次出使に出発する前の年の元狩《げんしゅ》三年（前一二〇）、武帝は宮室音楽庁ともいうべき「楽府《がふ》」を設立し、その長官である協律都尉に李延年《りえんねん》を任命した。李延年は武帝が生涯に近親した女性たちのなかでもっとも愛した李夫人の兄であり、当代随一の音楽家であった。

李延年を長とする楽府は、それまで宮中で行われていた歌曲・歌詞（詩）、各地の民間に伝わっていた曲と詞を集大成し、さらに司馬相如《しばしょうじょ》など当代一流の文学者も加えて新しい歌詞をつくらせた。そうして集大成した歌詞（詩）には、一つずつ題がつけられ、「楽府題」として後の中国文学、とくに詩詞の分野にたしかな系譜をつくり、大きな影響を与えた。「長安一片の月／万戸衣を擣《う》つの声」ではじまる有名な李白の「子夜呉歌」もまた楽府題の詩である。

張騫が西域からもたらした「摩訶兜勒」も李延年によって楽府のなかに位置づけられた。かれは「摩訶兜勒」という大曲から二十八曲の新声、つまり新しい声調、新曲を編んだのである。それらは「横吹《おうすい》曲」といって、軍中で鼓角——太鼓と角笛によって号令をかけるための武楽、つまりは軍楽曲であった。

新しい曲とともに、新しい楽器も入ってきた。右の横吹曲で用いられた鼓角のうち、太鼓は中国古来のものであったが、角笛は新来のものであった。このほか前漢時代には、琵琶、箜篌《くご》（小型のハープ）、觱篥（ひちりき）などが西域から到来し、簫《しょう》（竹管を横にならべた笛）、鼓、琴、瑟《しつ》（弦の多い大型の琴）などが中国在来の楽器に加わって楽曲をゆたかにしていった。

西域伝来の楽器のうち、漢人、中国人の心をもっとも強くうったのは胡笳《こか》であった。『太《たい》平御覧《へいぎょらん》』（宋の太平興国八年〔九八三〕、李昉《りほう》らの奉勅撰で成ったもので、中国歴代の諸事を総覧した書）巻五百八十一によれば、胡笳は、

「胡人、蘆葉を巻きて之を吹き以て楽《がく》を作《な》す也。故に胡笳と謂《い》う」

とある。だとすれば、楽器というには定形がないわけだが、いつでもどこでも吹けることになる。この胡笳の吹き方も張騫が西域から学んできたといわれる。その音はあくまで細く悲しく、家郷を離れたものには望郷の念をおこさせないではおかなかった。張騫も艱難《かんなん》の道中で蘆の葉を巻いては吹き、長安をしのんでいたのであろう。

『太平御覧』巻五百八十一に、三世紀末の西晋の将軍で詩人の劉越石《りゅうえつせき》にまつわる話がのっている。

「劉越石、胡騎に囲まれること数重、城中窮迫し計無し。越石、始め月に乗じ楼に登りて……胡笳を奏す。賊、皆な流涕し、人、土（故郷）を懐うこと切なる有り。暁に向って又之を吹くに賊、囲を並び棄てて奔走す」

それほどまでに悲しい胡笳の声は、歴代詩人の心を動かし、多くの詩が残されている。前

後二回、六年にわたって西域に勤務し、辺塞詩人として名を残した唐の岑参《しんしん》に七言古詩「胡笳の歌」がある。その冒頭四句はうたう。

君不聞胡笳声最悲　　君聞かずや胡笳の声　最も悲しきを
紫髯緑眼胡人吹　　紫髯緑眼《しぜんりょくがん》の胡人吹く
吹之一曲猶未了　　之を吹きて一曲猶《なお》未だ了《おわ》らざるに
愁殺楼蘭征戍児　　愁殺す　楼蘭征戍《せいじゅ》の児

胡笳の悲しい音色は、西域に遠征した勇士をも愁いに沈める、というのである。たしかに、今日でさえ茫漠としてよるべない流砂の道で、細い蘆笛の声を聞けば心動かされないものはないだろう。それ故に胡笳は「悲笳《ひか》」とも表記され、唐詩のなかでは大きく重要なモチーフの一つになっている。

こうして張騫以後もたらされた西域の新しい楽曲、楽器は、中国の音楽はむろん文学のなかにもとり入れられ、血肉化されていった。今日風にいえば、みごとな異文化の摂取であり導入であったといえよう。

新しい西域音楽は、中国と西域との交渉がさかんになるたびに流入し、とり入れられた。『晋書』楽志、『旧唐書』音楽志などの史書の記載を総合すると、

于闐《うてん》（ホータン）楽——前一世紀
亀茲《きじ》（クチャ）楽——四世紀
疏勒《そろく》（カシュガル）楽——五世紀
安国《あんこく》（ソグド）楽——五世紀
悦般《えっぱん》（エフタル）楽——五世紀
高昌《こうしょう》（トルファン）楽——六世紀
康国《こうこく》（サマルカンド）楽——六世紀

など、西域音楽がつぎつぎと伝来した。

武帝が設立した楽府にならって、西域を中心とする外来音楽と在来の宮廷、中原音楽を整理・集大成し、楽制をととのえたのが隋の文帝（在位、五八一～六〇四）であった。『隋書』音楽志によれば、文帝は音楽全体を、清商《せいしょう》（宮廷雅楽）、西涼（河西回廊涼州の音楽）、高麗《こうらい》、天竺《てんじく》（インド）、安国、亀茲、文康《ぶんこう》（古来の中原音楽）の七部伎に組織した。

唐代に入ると、第二代太宗が貞観《じょうがん》年間（六二七～六四九）に、文帝が定めた隋の制をさらに拡大改組し、亀茲、疏勒、安国、高麗、西涼、高昌、讌楽《えんがく》（宴会用音楽）、清楽（清商）、康国、天竺の十部伎とした。これにさらに手を加えたのが歴代皇帝のなかでも随一の音楽通とうたわれた玄宗（在位、七一二〜七五六）であった。太宗が定めた十部伎を、それぞれ坐部と立部の合わせて、二十部にわけたのである。坐部は堂上で坐って演奏し、立部は堂下で立って演奏するものであり、むろん坐部が上位になる。唐代には、こうした部伎がその専門ともち場に従って皇帝の誕生日、外国賓客の来賀、朝廷の饗宴のときに音楽を奏したのである。

こうして歴代王朝によってうけつがれ発展していった楽制整備の道も張騫によって開かれたといってよく、それが中国古代文化をゆたかなものにしたのである。

汗血馬来る——李広利の大宛遠征

西域伝来の珍貴な品々で長安の宮殿や離宮を飾り、上林苑を満たした武帝であったが、なお一点、心に満たぬところがあった。大宛の馬を手に入れたい——張騫の第一次出使後の報告をうけて以来、大宛の良馬は武帝の脳裡を離れたことはなく、餓《かつ》えたようにそれを求めていた。

張騫が二回目の西域出使をして烏孫から良馬数十頭を得て、大いに武帝をよろこばせたことはすでに記したが、このとき、張騫は武帝にこう申し添えていた。

「烏孫の馬はたしかにすばらしいものですが、やはり大宛の馬には及びません。大宛の馬は体高一丈余（漢代の一丈は約二・三メートル）、体長二丈余で、全身は濃い赤色をしており、まるで焔をあげているようです。たてがみは逆立ち、尾は長く地を払うようで、走れば飛ぶが如く、よく一日に千里を行きます。さらに一つの特徴があります。走れば汗を流し、それが血のように赤いのです。それ故、汗血馬《かんけつば》とよばれています。これこそまさに天馬というべき名種です」

武帝が心動かされないわけがなかった。

張騫によって道が開かれたあと、武帝はなんどか使者を大宛に送って、おびただしい礼物と交換に大宛の馬を得ようとした。だが交渉はすべて空しかった。

「漢は大宛から遠く離れている。漢の使者は大宛に着くまでには、多くの者が塩水（ロプノールなど沙漠の塩湖）に落ちて死亡するというではないか。北に出れば匈奴に妨げられ、南を通れば水草乏しい沙漠で、過半数が死亡する。これでは大軍を送って大宛を攻めることはできない。良馬は大宛の宝であり、そんな漢に贈る必要はない」

これが漢使にたいする大宛の姿勢であった。

しびれを切らした武帝は、ついに良馬を得るべく大軍を発することを決めた。総司令の将軍には、李広利《りこうり》を命じた。李広利は寵愛する李延年、李夫人兄妹の兄である。大宛攻めの大功を樹てさせ、列侯にとりたてようとの思いもあった。大宛の王城が弐師城《じし》（旧ソ連領ウズベク共和国〔現ウズベキスタン共和国〕フェルガナ地方のマルギラン付近）とよばれていたので、李広利は弐師将軍と号された。

こうして、太初《たいしょ》元年（前一〇四）、武帝は弐師将軍李広利に武力発動を下令した。軍勢は属国（漢に内属した国）の兵六千騎及び国内の諸郡から徴発した不良の徒数万人であった。さきの趙破奴による楼蘭攻略以来、河西回廊以西への武力発動としては二度目であったが、前回とは比較にならない大軍であり、本格的なものであった。大宛の馬にたいする武帝の執念のほどがしのばれる。

だが、結果は大敗であった。

沙漠のなかを進む大軍にとって、最大の問題は食糧の確保であり、その成否が戦の勝敗を左右する。西域行では進路に当る国々から徴発するのである。だが、それらはいずれも人口数千、数万という小国家であり、数万に達する大軍に食糧を供給することは国の存立にかかわる大問題であり、迷惑至極のことであった。果せるかな、李広利の大軍をみた沿路の小国は恐れおののいて堅く城門を閉ざし食糧の供給を拒んだ。ために、李広利軍は大宛に着く前に沿路の小国と戦闘を交えなければならなかった。多く不良の徒をかかえた李広利軍は、なかなか小国を攻め降すことができず、途中で多くの兵力を消耗していた。

こうして、大宛の東隣の郁成《いくせい》国に着いたころには、兵の数は数千にすぎなかった。しかも、皆飢え疲れていた。郁成国に食糧供給を求めたが、かたく拒まれ、ためにこれと戦ったが多数の兵士が殺傷される始末であった。

「郁成でさえ抜くことができなければ、大宛の王城を攻め陥すことなど望むべくもない」

こうして李広利は大宛に至ることなく軍を引きあげ、往復二年をかけて空しく玉門関《ぎょくもんかん》に帰った。帰還した兵は十分の二か一にすぎなかった。

玉門関は元封《げんぽう》三年（前一〇八）、趙破奴が楼蘭を攻略した後に建てられたものであった。それから四年後の太初元年に玉門関を発った時、李広利は大功を樹てんものと威風堂々としていたにちがいない。だが、大敗を喫して帰ってきた今、李広利は尾羽うち枯らしていたにちがいなく、まだ新生の気のみちた玉門関がまぶしく、圧倒されるほどの巨大な障壁にみえたにちがいない。

玉門関ができてからは、西域に遠征して勝利して帰還した将軍は、玉門関で軍装を解いて都長安に還る規定になっていた。軍を率いたまま入った将軍が叛乱を起すことを未然に防ぐための措置であった。だが、この時の李広利にしてみればむろん叛乱どころではなく、長安に還ることさえはばかられたであろう。みずからは玉門関にとどまり、使者をたてて遠征の顚末を報告した。

報に接した武帝は激怒した。敗戦もさることながら、道遠く食糧乏しく、かつ兵力の不足を訴えるなど、李広利の報告にいいわけがましいところがあったからだ。甘ったれるな！

「敢えて玉門関に入ろうとする軍兵は、之を斬れ！」

それが玉門関守備隊にたいする武帝の李広利軍処分命令であった。

当時は新装まもない要害の玉門関であり、屯営や駅逓《えきてい》などの諸施設もあって賑わっていたにちがいない。それでも、玉門関を境に、関内は祖国つまり内地であり、関外は荒涼たる異域であることに変りなかった。今、その地に立ってみれば、関外にとどめおかれた敗軍の将の心情は思いなかばにすぎるものがある。

　現在の玉門関の遺構は、二十五メートル四方、高さ十メートル余りの土築の城塁だけである。たしかにどっしりとした重量感はあるものの、内部はすっかり空虚であり、周囲は一望荒涼たるゴビである。

　李広利から八百年余りのちの唐の詩人岑参《しんしん》は、この地に立ってやみがたい寂寥感と望郷の念にかられ、七言絶句「玉関にて長安の李主簿《りしゅぼ》に寄す」を残している。

東去長安万里余　東のかた長安を去ること万里の余
故人那惜一行書　故人那《な》んぞ惜しむや一行の書
玉関西望腸堪断　玉関に西望すれば腸を断つに堪えたり
況復明朝是歳除　況《いわ》んや復《ま》た明朝は是れ歳除《さいじょ》なるを

　――明日は歳除（大みそか）だという日、朔風吹きすさび寒気にみちた玉門関に立って、これから赴く西のかたをのぞめば、荒涼として断腸の思いがつのる。それなのに長安にいるわが友（李主簿）は、なぜ一通の手紙すら書き送ってくれないのか――凄寥の気が惻々と伝わってくる。今、玉門関に立つと、この詩のリアリティはいっそう切なるものがある。

李広利もまた、そのような思いに沈んでいたにちがいない。だが、このまま塞外に朽ちるわけにはいかない。弟の李延年はなお協律都尉の職にあり、妹の李夫人はすでに世を去ったとはいえ、茂陵の陪塚《ばいちょう》に葬られ、死後の武帝の恋情はやんでいない。二人のためにも一族のためにも再起しなければならない。李広利は大宛再征を願い出た。

李広利が大宛遠征に敗れて還ったちょうどその年、漢軍は久しぶりに匈奴の大軍と干戈《かんか》を交え、二万余の兵を失うという大敗を喫していた。そのため、李広利の大宛再征をめぐって朝議は紛糾した。大勢は大宛再征をやめ、総力を対匈奴戦にふりむけるべし、というのであった。だが、武帝はそれを押しきってふたたび李広利を弐師将軍として第二次大宛遠征を行うことを命じた。武帝の大宛の馬にたいする執念はそれほどすさまじかったのである。また、大宛を攻め陥せないとなれば、月氏、大夏、康居、烏孫など西域諸国にあなどられ、張騫以来営々とつみかさねてきた西域経営の成果が水泡に帰す、という思いもあった。

こうして、第二次遠征軍の陣立てはかつてない大規模なものとなった。

刑を免除した囚徒、不良少年、辺境の騎兵合わせて兵力六万。そのほか租税を免除される代りに私費負担で軍装をととのえて従軍するもの多数。さらに前回は加わらなかった校尉（正規軍の将校）五十余人を加えて、各隊の指揮に当らせる。武器は刀や弩（強力な弓）など大量にして十分な量をととのえる。その武器や食糧を運び、またそれじたい道中の食糧にもなる牛十万。馬三万、驢馬・駱駝一万余。さらに罪あって辺境の守備兵になっているものを大量に動員して輜重《しちょう》隊を編成して食糧の後方補給に当らせる。そして、馬術に長じたもの二人を校尉に任命し従軍させた。弐師城攻略後、良馬の選定に当らせるためであった。用意周到かくの如しであった。

だが武帝にとってはこれでも足りなかった。さらに辺境の守備兵十八万を動員して、河西回廊の北辺から酒泉郡に至る対匈奴前線に展開させた。大軍による大宛遠征の虚を衝いて匈奴が侵攻してくるのを防ぐためであり、また大宛遠征軍にたいする妨害攻撃を牽制するためであった。

良馬を手に入れるのにこれほどの陣立てとなると、いささか「牛刀割鶏」の趣がないでもないが、それだけ武帝の良馬にたいする希求の強さが示されている。また、当時、良馬は今日でいえば性能のすぐれた車輛や良質のエネルギー源（石油など）に匹敵するものであった。

こうして太初三年（前一〇二）、まさに未曽有の大軍が大宛をめざして玉門関から進発した。

沿路の国々は、この漢の大軍をみて恐れをなした。それは前回と変りなかったが、こんどは戦えば必ず攻め滅されるという恐怖であった。ために、食糧や水の供給、それに道案内に協力した。ひとり輪台《りんだい》(天山南麓、トルファンとクチャの中間の国)だけが抵抗したが数日にして攻略し、以後、順調に大宛に至り、弐師城を包囲した。

李広利軍は断水戦術をとった。大宛城中に井戸がないことを知って、城内に通じる水路の源を断ち、水を他に引いて城内に入らないようにしたのである。

これは文化史における重要な問題を示唆している。つまり、当時は大宛をふくめて西域には穿井法《さくせい》——井戸を掘って水を得る技術、つまりは文化がなかったのである。この点については次項で再述したい。

ともかく、なお穿井法を知らなかった大宛が、李広利の断水作戦に包囲されること四十日に及んだのである。当初、僻遠の地にある漢と交渉する要なし、という意見でまとまっていた大宛の貴人の間に亀裂が生じ、ついに対漢和睦派が勝って、反漢派であった国王毋寡《ぶか》の首級を李広利にさし出した。

李広利軍内には、なお大宛撃滅まで徹底的に攻略することを主張するものもあった。だが、情報によれば弐師城内にはなお食糧の備蓄があり、あまつさえ漢人捕虜から穿井法を知って水の補給もつくようになっている。さらに隣の大国康居から救援軍発動の噂もあった。漢軍の食糧も先が見えてきた。

それに今回の遠征の最大の目的は良馬を獲得することにある——李広利は、ここが潮時と判断し、条件づきで大宛の和睦提案に応じた。その条件とは、

(1) 大宛は所有するすべての馬を提示し、漢はそのなかから自由に良馬を選んで持ちかえる。さらに、以後、毎年良馬二頭（牡牝各一頭）を漢に贈る。
(2) 漢軍に食糧を提供する。
(3) 大宛は親漢派の味蔡《まいさい》を王に立て、和睦休戦を保証し、友好を継続する。

というのであった。大宛はこの条件をうけ入れた。

こうして、目ききの選定家として従軍していた例の二人の校尉によって良馬が選ばれ、良馬数十、それに中等の馬、牡牝合わせて三千余を得た。

あれほどの大軍を発して成果をあげなければ、そのほうがおかしいが、武帝は大いによろこんだ。元朔《げんさく》三年（前一二六）、西域出使から帰った張騫の口からはじめて耳にして以来二十五年、渇望してやまなかった大宛の良馬「汗血馬《かんけつば》」を得たのである。武帝は李広利の戦功を嘉し、海西《かいせい》侯に封じ食邑八千戸を与えた。そして大宛の馬を「天馬」と名づけ、さきに張騫が烏孫から得た「西極馬」と合わせて、「西極天馬の歌」をよんだ。

天馬徠兮従西極　天馬徠《きた》る　西極従《よ》りす
経万里兮帰有徳　万里を経《へ》て　有徳《うとく》に帰す
承霊威兮降外国　霊威を承《う》けて　外国を降《くだ》す
渉流沙兮四夷服　流沙を渉《わた》りて　四夷服す

ともかく、天馬が有徳に帰したとうたうこの歌からは、天下に遍《あまね》く威徳を示すことができた武帝の弾むようなよろこびが率直に伝わってくる。「有徳（徳あるもの）」とは、なお礼制とのわず徳を知らざるものとしていた外国、四夷に対置した語であり、つまりは漢、そして武帝自身をさしている。

こうして得た良馬を、武帝は西域伝来の珍宝で飾った。前漢の諸事について記した『西京《せいけい》雑記《ざつき》』につぎのような記事が見える。

「武帝の時、身毒国より連環羈を献ず。皆《すべ》て白玉を以て之を作る。瑪脳石を以て勒を為《つく》り、白光琉璃を以て鞍を為る。鞍闇室中に在りても、常に十余丈を照らし、昼日の如し。是より長安、鞍馬を飾ること始めて盛んとなる。競いて彫鏤《ちょうる》を加え、或るものは一馬の飾、百金に直《あたい》す」

文中の「羈」はたづな、「彫鏤」は彫刻と象嵌《ぞうがん》の意であるが、ともかく、きらびやかに馬を飾りたてたさまが伝わってくる。

ここに「天馬＝汗血馬」のイメージを具象的に伝える像がある。

一九六九年十月、河西回廊の要衝武威《ぶい》の郊外の雷台《らいだい》から後漢（西暦二五〜二二〇）後期の墓が発見され、多数の副葬品が出土した。そのなかに一体の「銅奔馬《どうほんば》」があった。高さ三十五センチの青銅の馬の像で、力強く四脚を飛ばして奔《か》けている。右の後脚は飛ぶ燕を踏み抑え、天翔けるさまを示している。「馬踏飛燕《ばとうひえん》」とよばれるこのブロンズ像こそ、武帝が求めてやまなかった天馬への思いを結晶させたものにちがいない。古代中国の工人たちが、武帝の「西極天馬の歌」に美意識を大いに刺戟されて作ったものにちがいない。

この武威雷台の銅奔馬を眼前にするような詩がある。武帝が大宛の馬を得てから八百年余り、銅奔馬がつくられてから六百年余りのちの唐の詩人杜甫の五言律詩「房兵曹《ぼうへいそう》の胡馬」である。

胡馬大宛名　胡馬　大宛の名
鋒稜瘦骨成　鋒稜にして瘦骨成る
竹批双耳峻　竹批《そ》ぎて双耳峻《そばだ》ち
風入四蹄軽　風入りて四蹄軽し
所向無空濶　向う所　空濶《くうかつ》無く
真堪託死生　真に死生を託するに堪《た》えたり
驍騰有如此　驍騰《ぎょうとう》なること此《かく》の如く有れば
万里可横行　万里も横行す可し

「銅奔馬」を前にして吟ずれば、まことに過不足なく、銅奔馬はこの詩にのって動き出さんばかりである。こうして、大宛の名馬の名は代々語りつがれ、中国人の歴史の記憶のなかにしっかりと刻みこまれていった。

李広利が大宛遠征に勝利し、武帝が天馬を手に入れたことは、さらにいっそう大きな波及効果をもたらした。西域各国の間に、漢の威信がたかまったのである。まさに「外国、有徳に帰す」の感があった。多くの国が王族を使者に立てて朝貢し、長安に質子《ちし》を送ってきた。武帝は西域各地に屯田の士卒を送りこみ、開渠耕作をして西域経営の基盤を固めていった。

こうして、張騫によって開かれた道はしだいに大きく強くなり、東西文化交渉の大輪の花を開いていった。泉下の張騫、もって瞑すべしである。

絹の威光と穿井法——漢から西域へ

張騫によって西域との交渉の道が開かれて以来、漢にはなかった多くの珍品や文化が西域からもたらされた。同時に、漢から西域にもたらされたものも多い。

二度にわたった西域出使に際して、張騫はいわば外交儀礼として多くの財物を携え、訪問先の王に贈った。その主たるものが、幣帛《きぬ》、つまり王や賓客に贈る絹であった。

張騫はむろん、あてずっぽうに幣帛を携えていったわけではなかった。ほとんど未知の艱難にみちた、一望果てしない流砂の道を行くのである。とうぜん、携える荷は必要最小限のものを、と考えたはずである。その時、幣帛こそが西域諸国の王への贈り物として、もっとも有効なものであることを知っていたはずである。すでに記したように、初代の高祖劉邦が平城《へいじょう》の役で匈奴に敗れて以来、第七代武帝以前の漢王朝の諸帝は一貫して匈奴に対して低姿勢外交に終始し、連年のように匈奴単于に礼物を贈った。そのなかで、幣帛が主たるものであった。それは匈奴単于が求めてやまなかったものであり、そのことを通じて漢以外の国では絹はつくられていないことを知ったのである。

　世界で最初に絹を生産したのが中国であることは周知の通りである。最近の考古発掘によれば、それは今からおよそ五千五百年前にさかのぼることができる。

　一九五八年、長江南岸の浙江省呉興《ごこう》県〔現湖州市〕銭山漾《せんざんよう》遺跡から家蚕《かいこ》の糸を原料としていると鑑定された絹織物と絹糸が発見された。この遺跡は紀元前三五〇〇年の新石器時代良《りょう》渚《しょ》文化期に属するものである。ついで殷代のものとしては、河南省安陽殷墟から回文や雷文紋様をもつ絹織物が青銅器に付着して出土している。つづく西周時代の遺跡――陝西省宝鶏《ほうけい》市茹家《じょか》荘西周墓から幾何学文様を刺繍でぬいとりした絹織物が出土している。さらにつぎの戦国時代のものとしては、湖南省長沙や湖北省江陵《こうりょう》などから多く出ている（以上、夏鼐《かだい》『考古学和《と》科技史』・一九七九年・科学出版社）。

　こうして古くから各時代、各地で行われてきた絹及び絹織物の生産は、漢代に至って飛躍的に増大していた。その一つの証左が、一九七一年、長沙馬王堆《まおうたい》で発掘された二つの漢墓の出土品である。

その一号墓からは、二千百年後の今日もなお弾力のある皮下組織、はっきりした筋肉繊維をもつ、推定死亡年齢五十歳前後の女性の〝活けるが如き屍〟が現われて、それが世界の耳目を集めたが、さらに大量の漆器そして絹織物が副葬されていたのである。まず、〝活けるが如き屍〟は、二十重《はたえ》のさまざまな衣類でおおわれ、九本の絹の帯でしばられ、その上に二枚の綿入れの絹の袷《あわせ》が被されていた。さらに衣類・靴下などの服装品四十点余り、枕・香袋・布靴・風呂敷などの身の回り品二十点余りの絹織物が副葬されていた。織りの技術も多様で、綺《あやぎぬ》・錦・刺繡のほかに高度な技術を要する絨圏錦（パイル織りの錦）・羅紗（羅織りの紗、綺。日本では毛織物をラシャといい、むろんこれはちがう）などがあった。文様も雲文や菱形文など多様であった。さらに古代中国の神話伝説を描いた帛画（絹絵）なども出土し、貴重な歴史資料になっている（馬王堆漢墓については、一九七二年、文物出版社刊の『長沙馬王堆一号漢墓発掘簡報』をはじめ、中国では数多くの報告・研究書が出ている）。

二つの墓の主《あるじ》は、同時に出土した封泥や漆器の銘などから軑侯《たいこう》とその夫人であることが明らかになっている。軑侯は漢王朝のなかの一王国であった長沙国の丞相であった。長沙国は、わずか七百戸を領有する地方の小王国であり、しかもその首相にすぎなかった軑侯夫妻の墓からでさえ、こうして大量のすぐれた絹織物が出たのである。

こうした考古発掘の成果と史書の記載とを重ね合わせると、漢代の絹・絹織物生産の発達ぶりは、いっそうよく知ることができる。たとえば、『漢書』貢禹《こうう》伝に、「斉の三服官、作工各数千人にして、一歳の費は数鉅万（銭）なり。……三工官の官費は五千万（銭）にして、東西の織室も亦《ま》た然り」

とある。斉の三服官とは山東の官営織服工場であり、東西の織室は長安にあった宮廷御用達のやはり官営工場で、右の記述から官営工場の織工は一万以上、そのための出費が巨額であったことが推定されている。また民間でも家ごとに機織《はたお》りが行われ、それは富貴なるものの家でも盛んであった。たとえば『西京雑記』には、霍去病《かくきょへい》の異母弟で、武帝・昭帝・宣帝三代に大将軍などとして重きを置いた霍光《かくこう》の妻が機織りに精を出し「六十日にして一匹（二反）を成す。匹の値万銭なり」とある。また、『漢書』張湯《ちょうとう》伝には、漢の法体制を確立した張湯の子の張安世《ちょうあんせい》の妻も、夫が一万戸の封邑をもつ列侯でありながら、「自から紡績し、なお七百の家僮に共に織らしめ……微細な累積によって貨財を増し、霍光をしのぐ」という有様であった。

こうして武帝治世の後半から、つぎの昭帝・宣帝のころには、年間の生産高は六千万匹に達していたと推定されている（金恵《きんけい》編著『創造歴史的漢武帝（歴史を創造した漢の武帝）』）。

張騫の二度にわたる西域出使は、いわばこうした絹・絹織物生産の拡大が一つの背景になっていたといえよう。むろん、高祖以来の礼物外交にみられるように張騫出使以前にも匈奴に贈られるなど、絹及び絹織物は外国に移出されていた。だが、張騫の出使以後、西域諸国に絹の威光はいっそう遍《あまね》く知れ渡り、西域諸国の漢への傾斜を強めていったのである。西域諸国から漢にやってきた使節団のなかには、絹買入れの商人も加わっていたにちがいない。

張騫以後、漢から西域に赴く使者も急増し、かれらによって大量の絹・絹織物が運ばれた。やがて、西域経営の基盤を拡大すべく、漢から西域に屯田の士卒や官吏が送られたが（これについては次章で記す）、かれらによって絹・絹織物はもちこまれていた。

一九五九年、新疆博物館考古研究所の調査隊によって、ニヤ遺跡が発掘された。ニヤ遺跡は『漢書』西域伝に記された「精絶国《せいぜつ》」の故地であり、古代シルクロードの要道西域南道の要衝として栄えていた地である。その後漢墓から夫婦一対のミイラが発掘され、骨骼などからアーリアン系（古代インド系）の民族とされた。だが、その夫がまとっていたのは錦織りの給であり、それには「萬世如意」の四つの漢字が刺繍されていた。また、同時に出土した手袋は、やはり錦織りで「延年益壽大宜子孫」の八文字が刺繍されていた。これらの文は吉祥文とよばれ、それを身にまとうことで、末ながくわが意の如くなること、つまりは富貴をねがい、長寿と子孫繁栄をねがうのであり、死後の世界にあっても、その長く続くことをねがうのである。それは中国古来の文化といってよく、また刺繍のある錦織りは技術水準の高さを示している。

こうして、後漢時代のニヤでは、漢族ではない人びとが高度な中国文化を身につけていたことになる。長安から西へ三千キロ離れた地に、東西文化交渉の華が開いていたのである。

後漢時代、紀元一世紀には、中国の絹はローマに達し貴人たちの目と心を奪っていた。ローマ帝国の作家ペリエーゲーテスは「中国人のつくり出した珍貴ないろどりある絹は、その美《うるわ》しさは野にいまを盛りと咲く花、その織細さは蛛《くも》の網」とたたえ、「ローマ市内の中国の絹の高価さは、おなじ重さの黄金に等しい」（アウレリアーニ）にもかかわらず、貴人たちは競って買い入れた。ローマ帝国の滅亡は、中国の絹を大量に買い入れたため、金銀が大量に流出した結果だという歴史家さえある（夏鼐著・小南一郎訳『中国文明の起源』・一九八四年・日本放送出版協会）。

こうして、長安からローマに至る東西文化交渉の道は「シルクロード」とよばれるに至った。一八七七年、当時の世界地理学会の大御所であったドイツのリヒトホーヘンによって「ザイデン・シュトラッセン」と名づけられたのがはじまりであった。「シルクロード」がその英訳であることはよく知られている。因みに、中国語では「絲綢之路《スーチュウチールー》（しちゅうのみち）」である。絲は絹糸、綢は絹織物の総称である。

今日、その歴史をふりかえるならば、まことに張騫こそ、その開拓者たる位置に立つ人物といえよう。

今日いうところのシルクロードが張騫によって開通されてから、絹のほかにもさまざまな技術・文化が漢から西域にもたらされた。鋳鉄の技法もその一つである。『史記』大宛列伝にいう。

「大宛より以西、安息に至るまで……銭や器物を鋳することを知らず。漢使の吏卒にして逃亡し投降するに及んで、他の兵器を鋳するを教う」

西域諸国は漢使に従ってきて逃亡した吏卒から鋳鉄の技法を知ったというのである。

紀元前一七〇〇年ごろに成立した殷王朝以来、黄河文明の華は青銅器であり、質量ともに世界に冠たるものであったことは、中国はむろん日本にもある博物館の所蔵・展示品でよく知られる。中国における鋳鉄のはじまりは、それより遅く春秋末期の紀元前五世紀ごろであるが、戦国末期から秦・漢に至って鉄の生産は増大し、とくに農具・兵器では青銅器にとって代っていた。

中国古代の成金列伝でもある『史記』貨殖列伝には、鋳鉄で巨利を得た人物が登場する。たとえば蜀（四川）の卓氏《たく》である。

「蜀の卓氏の祖先は趙（山西＝筆者注・以下同）の人である。鉄の冶金で富んだ。秦が趙を破った時、卓氏の一族は逮捕・掠奪されたが、ただ（今、蜀にいる）夫妻だけが手車を押し、遷されたさき（つまり蜀）にたどりついた。……彼はいたく喜び、鉄山について鎔鋳し、計画をめぐらし、滇《てん》（雲南）・蜀の人民を圧倒し、富は奴隷千人にまで達した。田野の射猟を楽しむさまは、人君さながらであった」

武帝の時代に名をあげた漢代屈指の女流文学家卓文君《たくぶんくん》は、この卓氏の娘である。卓文君は、当代一流の文学家司馬相如と大恋愛の末に結ばれている。

宛《えん》（現在の河南省南陽県〔現南陽市〕）の孔氏も鉄の冶金を生業とし、「その利得はなみはずれ……富を得ること数千金におよんだ」。また、曹《そう》（河南省東部）の邴《へい》氏は節倹・悋嗇家《りんしょくか》と知られていたが、「鉄の冶金によって起り、富は巨万に至った」というのである。

漢代の製鉄生産の展開は、一九四九年のいわゆる新中国成立後の考古発掘によって、各地から製鉄関係の遺跡が出ていることからもあとづけられる。右にあげた『史記』の孔氏がいた宛に当る南陽県をはじめ、河南省からは魯山《ろざん》県、鞏《きょう》県〔現鞏義市〕、方城《ほうじょう》県、鶴壁《かくへき》市などの遺跡があり、さらに北京の清河鎮、山東省滕《とう》県〔現滕市〕、江蘇省利国《りこく》駅など広範囲にわたっている。

なかでも河南省鞏県の鉄生溝《てっせいこう》遺跡は規模の大きさと高度な製鉄技術を示すものとして注目された。遺跡の総面積二万平方メートル余り。施設としては十八基の煉炉のほか反射炉もあり、いずれも耐火塼《レンガ》で築かれていた。反射炉は燃焼室と煉冶室に分けられ、生鉄と燃料が区別されるようになっている。遺跡内には原材料の鉱石、鉄滓、焼土がいたるところにあり、鉄鎚《てっすい》（おもり）、鉄錛《てっぽん》（ちょうな）、鉄犂（すき）、鉄鏃（やじり）などの製品もあった。また、石炭も残されており、石炭を燃料とした歴史的にも古例のものとして注目された（「鞏県鉄生溝発現漢代煉鉄遺址一処」＝考古雑誌『文物』一九五九年二月号ほか）。

漢代には鉄とともに塩の生産も発展し、各地に〝成金〟を生んでいた。たび重なる対匈奴戦の発動で財政逼迫に見舞われていた武帝は、この塩鉄の生産拡大に目をつけ、元狩四年

（前一一九）、塩鉄専売制を施行した。奇しくも、張騫が烏孫へ出使した年であった。

専売制の施行とともに、鉄の生産から販売に至るまでを管理する「鉄官」が各地に置かれた。前漢時代には全国四十九の郡・県に鉄官が置かれ、中央政府の大司農（財務大臣）に統轄された。

こうした製鉄生産の発展を背景におけば、西域使節団のなかから逃亡した吏卒のなかに鋳鉄の技法を知っているものがいたのもふしぎではないであろう。ともあれ、張騫が切り開いた道を通って、鉄をつくりそれから兵器などをつくる法が西域諸国に伝わった。

『漢書』西域伝はいう。

「（敦煌西南の）陽関を出て、始めの近いものから言えば、まず婼羌《じきょう》国である。……戸数四百五十、人口千七百五十、勝兵が五百人いた。西は且末《しょまつ》国と接しており、家畜に随うて水・草を逐《お》い、田作せず、穀物を鄯善《ぜんぜん》・且末に仰いだ。山には鉄があって、みずから武器を造り、武器としては弓・矛《ほこ》・短刀・剣・甲《よろい》があった。西北に行けば鄯善国に至る……」（小竹武夫訳）

婼羌は現在の新疆ウイグル自治区若羌《じゃくきょう》＝チャルクリク付近の国であった。以下、『漢書』西域伝によれば、鄯善《ぜんぜん》国は「武器を造れることは婼羌と同様」であり、また現在のアフガニスタン東北境のバタク山の地にあった難兜《なんとう》国でも「銀・銅・鉄を産し、武器造りは諸国と同じ」であった。

この製鉄法の移入に勝るとも劣らない意義をもち、影響を与えたのが穿井法の導入であった。

太初三年（前一〇二）、李広利が再征した時、大宛にはなお穿井法がなかったことはすでに記した。その時、投降した漢人から、大宛ははじめて穿井法を知った。これが西域に穿井法が入ったはじまりではあったが、いわば偶然であり、組織的導入は、漢が西域経営の拠点・基盤をつくるために各地で屯田を始めてからであった。

『漢書』西域伝によれば、李広利が大宛遠征に勝利した後、敦煌から西の塩沢（ロプノール）に至るまで長城や駅亭を設けるとともに、「輪台《りんだい》・渠犂《きょり》にはいずれも屯田兵数百人がおり、使者校尉を置いて営・田を統領保護し、その収穫をもって外国に使いする者に供給した」

輪台は現在のクチャの東百五十キロの地であり、渠犂はその東南の地である。

これが史書にあらわれる漢による西域屯田にかんする最初の記載であるが、ややのちの楼蘭屯田は、その経過がきわめて明確に『漢書』西域伝に記されている。

楼蘭は漢が西域に通じる必経の地である。張騫が西域に通じて後、少くとも百人、多いものなら数百人一組の漢の使節団が連年、幾組も通り、そのたびに楼蘭は水と食糧を供給し、道案内人と通訳を提供しなければならない。小国楼蘭にとっては負担は重く、あまつさえ西域諸国に信望のあった「博望侯張騫」の名を騙《かた》っては狼藉をはたらく漢使もあった。ために楼蘭国内には反漢感情がおこり、漢使を殺害することもしばしばであった。反漢はとうぜん親匈奴を結果とする。当時の楼蘭王嘗帰《しょうき》は親匈奴派とみなされた。

こうして昭帝は元鳳《げんぽう》四年（前七七）、平楽監《へいらくかん》（御料牧場長官である太僕の属官）の傅介子《ふかいし》に楼蘭攻めを発動した。とはいえ、その戦術は嘗帰暗殺であり、少数の精鋭を率いてのものだった。

楼蘭に至った傅介子は、まず礼物を贈って嘗帰をよろこばせた。また、嘗帰は傅介子に従う者が少数であることに心をゆるし、酒宴を開いた。傅介子にすれば思う壺である。宴たけなわのころ、秘事ありとして人払いをし嘗帰に耳うちをする。この時とばかり、傅介子の壮士二人が飛び出し、嘗帰の首を斬ったのである。

嘗帰の首は長安に送られ、当時の慣例に従って、その首を長安城内の主宮殿である未央宮の北闕（北門）にかけた。昭帝は嘗帰の弟、尉屠《いとき》耆を王にすることに決した。だが、尉屠耆は尻ごみした。時に尉屠耆は楼蘭が漢に叛かないことを保証するための質子として長安に送られていたのである。それも十年余という時がたっていた。尉屠耆は昭帝に奏請した。

「わが身は久しく漢にあり、今帰国しても周囲は多く前王の息がかかっており、孤立するだろう。しかも、前王には子があり、わが身は暗殺されるのではないかと恐れる」

というのである。そして一つの条件を出した。

「わが国内には伊循《いじゅん》という地味肥沃なところがある。願わくは漢から一将をつかわしてそこに屯田して穀物を蓄え、その威光によって自分を支えてほしい」

というのである。

まるで、「虎の威を借《か》る狐」のような話であるが、昭帝はこの尉屠者の条件をうけ入れる。

これはシルクロード史上の大きな事件であった。

第一に、楼蘭は国名を鄯善と変えられた。「楼蘭国」の名が歴史から消えたのである。しかも、都を扜泥《うでい》城に遷されている。漢の屯田地である伊循城は、ほぼミーランと決せられているが（拙訳・黄文弼《こうぶんひつ》『ロプノール考古記』ほか）、鄯善国都となった扜泥城の所在地については、ここ百年来論争がつづけられていて未だ決着がついていない。こんごの考古学調査が待たれるところである。

つぎは、むろん漢による西域屯田の拡大であった。さきの『漢書』の記述にあるように、屯田経営はまずは西域への漢使の食糧の安定的供給とその通行の安全を確保するためのものと考えられた。だが今、尉屠者の申し出に照らせば、屯田経営の強化は、西域諸国を政治的・軍事的にバックアップし管轄する手段・機構としても意識されることになったのである。

こうして昭帝は尉屠者の奏請を入れて、指揮官として司馬一人と四十人の吏卒を送り、伊循に屯田させ、また軍事的な鎮撫に当らせた。

さきの輪台、渠犂と合わせて屯田地が拡大したのである。そして、それを背景に漢は西域都護府を設けるに至る。はじめは烏塁《うるい》（トルファン西方百キロ）に設けられたが、のちにはそこからさらに西方百キロのクチャに進出した。因みに「都」とは中国語で「すべて」の意があり、都護府は軍・政両面にわたって西域にかんする事項のすべてを統轄する管署ということになる。長官は西域都護である。

西域都護府の設置は、昭帝のつぎの宣帝の神爵《しんしゃく》二年（前六〇）であった。昭帝が鄯善の伊循に屯田を進めてから十七年目のことであった。

こうして、はじめて屯田したころの鄯善は、「民は牧畜に随うて水・草を逐いもとめ」（『漢書』西域伝）る遊牧を生業とする地であった。定住地で耕作するためには、「水を逐う」わけにはいかない。井戸を穿ち、水渠を導き、水利を安定させなければならない。

鄯善に司馬と四十人の吏卒が屯田してまもない頃のことであった。敦煌の将校索勱《さくばい》が酒泉、敦煌の兵千人を率いてやってきた。五〜六世紀の北魏の酈道元《れきどうげん》が撰した地理書『水経注《すいけいちゅう》』巻二にいう。

「敦煌の索勱……酒泉・敦煌の兵千人、楼蘭に至りて屯田す。白屋を起て、鄯善・焉耆・亀茲三国の兵各千、注賓河《ちゅうひんが》を横断せんとす」

白屋は茅葺きの粗末な家で、屯田地がととのうまでの兵士の仮りの住居である。焉耆は現在のトルファン西南のカラシャールで、鄯善・亀茲とともに漢に内属していた。問題は注賓河であるが、これは崑崙山中に発し、北に流れて且末《しょまつ》、現在のチェルチェンを経流し、その北で東へ流れ楼蘭の南に出た且末河、現在のチェルチェン河であり、西域南道東部の大河である。

その河を断つというのは、途中をせきとめて水渠に導き入れることであろう。今日でもチェルチェン河は各地で堰堤が設けられ、その水は水渠を通じてオアシスの町に導き入れられている。

だが、『水経注』によれば、河を断つ日、注賓河は常になく水量を増し逆巻く水はあふれんばかりであった。索勱は、黄河の氾濫は河神の怒りによっておこるという中国古来の信仰を思いおこしたにちがいない。祭壇をしつらえ河神を祀ったが、水量は減りそうになかった。それを見た索勱は河流とたたかうことを決意する。そして軍鼓をうちならし、河流に向って大刀をふるい矢を射ること三日、ようやく水勢をおさめることに成功した。それを見て、索勱を、

「胡人、神と称う」

と『水経注』は記している。

『水経注』に記された索勱にかんする記事はわずか数行であるが、そこから発してシルクロードのロマンを仕立てたのが、井上靖の名作『洪水』である。

沙漠に洪水とは矛盾のようだが、それは現実に起る現象である。崑崙の雪どけ水が大量に

発生すれば、常なる河道からあふれて、水はところかまわず流れ出す。砂の海である沙漠は地盤が弱いだけに、あふれ出た水はどこを流れるか定かではない。そうした水が猛威をふるった跡を、「シルクロード」取材中にしばしば目撃した。

それにしても、索勱を胡人が神と称えたという『水経注』の記述に注目したい。むろんそれは注賓河の水量を減じたことにたいする讃辞であることはまちがいない。だが一歩進めて、索勱が注賓河をせきとめて水渠を引き耕地を灌漑するという、なによりも胡人にとってはそれまで未知の事業を行い、治水利用の実をあげたことにたいする讃嘆の声だと思うのである。

一九三〇年、楼蘭を中心にロプノール周辺からチェルチェン河（注賓河）下流域に考古学的な踏査を行ったのが黄文弼であった。それは中国の学者によるはじめての考古調査であったが、その一帯で黄文弼は漢代水渠の堤防跡さらに烽燧亭（烽火台及び付属兵営）遺址や住居跡を発掘し、井戸址も確認している。そして、それらが史書に記載された漢代の屯田の跡であることを論証している（くわしくは、前掲の拙訳『ロプノール考古記』）。

ここで西域への穿井法の移入をめぐって一つの問題がある。

今日、トルファンを訪れると、周囲の沙漠のなかに無数の穴が穿たれているのを見ることができる。空から見れば、天山山麓から東へ向ってトルファンの町まで、まるで月のクレーターのような穴が幾条も直線的に列んでのびている。その列は三百条をこえるという。トルファン盆地特有の風景だ。

穴の一つ一つは井戸であるが、その下は地下水路でつながっている。沙漠の下にしみこんでいる天山の雪どけ水を集めてオアシスの町へ誘導する地下水路で、中国語で坎児井《カルジン》、ウイグル語でカレーズとよばれている。

カレーズは中近東ではカナートとよばれ、沙漠地帯の取水法として広く見られる。そこで、トルファンのカレーズの起源について、中近東からイスラム教とともに入ってきたのだとする説がある。だが、トルファンを含めた東トルキスタン、現在の新疆ウイグル自治区がイスラム化するのは十一世紀に入ってからである。それより千年余り前、漢の屯田は当時、姑師《こし》・車師《しゃし》とよばれていたこの地で行われており、とうぜん安定的な取水・利水の法が行われていた。

中央には日本全土に匹敵するほどの広大なタクラマカン沙漠が置かれ、北と南をそれぞれ天山・崑崙の二大山脈で区切られた、このタリム盆地では、沙漠の縁に展開するオアシス国家や町々は、天山・崑崙の雪どけ水を集めて流れ出る河川を水源としてきた。さきにあげたチェルチェン河（注賓河）もその一つである。

そうしたなかで、トルファンは、河水にめぐまれているとはいえない。『西遊記』で有名な炎暑の火焔山《かえんざん》の山ふところに開かれた、これも有名なベゼクリク千仏洞の前の崖下を流れているムルトク川のほかは見るべき河川はなく、そのムルトク川にしても流れはせいぜい幅二十メートルほどだ。春・夏・秋それぞれ一回ずつ、私はムルトク川の流れを見たが、三度とも水流にそれほどの変化はなかった。その乏しい水流を、ところどころでせきとめ、水渠をつくっており、そこだけは清冽な天山の水をたたえて心なごむ思いがするが、六十三万を数えるという現在のトルファン県〔現トルファン市〕の人口と世界有数の葡萄の生産を支えるのに十分とは思えない。つまり、それだけカレーズの比重が大きいわけで、それが他のタリム盆地のオアシスの町には見られない独特な風景をつくっていることを納得することができる。

こうした事情は、漢がはじめてこの地に屯田をした時にも、多かれ少かれ変っていなかったであろう。漢の屯田と現在のカレーズとの関連について考えないわけにはいかないゆえんである。

この問題について言及した中国近代の学者がいる。王国維《おうこくい》（一八七七〜一九二七）である。王国維は清の光緒二十七年（明治三十四年）、日本に留学して東京物理学校に学んだこともあり、のちに考証学・金石学の研究に進んだ。そして『殷虚書契考釈』序文、『流沙墜簡』を著わして、甲骨文字やシルクロード研究に大きな成果を残している。さらには『宋元戯曲史』なども著わし、歴史・文学にも通じた、近代中国の屈指の碩学である。

一九一一年の辛亥革命以後に書かれた主要な著述を集めたものに『観堂集林《かんどうしゅうりん》』二十巻があるが、その巻十三「西域井渠考」で、王国維はつぎのように記している。

「吐魯番《トルファン》に所謂《いわゆる》卡児水《カルジン》なる者有り……ペリオ教授は……此の法、波斯《ペルシャ》より伝来せるものの如しとなす。余は此れ中国旧来の法と謂うなり。『史記』河渠書に記載あり。武帝初めて卒万余人を発して渠を穿つ。徴《ちょう》より洛水《らくすい》を引きて商顔《しょうがん》の下に至るに、岸崩れ善《やす》し。乃《すなわ》ち井を鑿《うが》ち、深きは四十余丈にして、往往井を為《つく》り、井下に行水《こうすい》相通ず……井渠の生、此れより始まる。此の事、史家未だ其の年を記せざれど、瓠子《こし》を塞ぎし前に記されており、時に西域に未だ通ぜざる前なり」

　文中のペリオ教授は、当時世界的に高名なフランスの東洋学者である。みずから伯希和と中国名を名のり、むろん漢文も能くした。一九〇九年、敦煌莫高窟から資料価値の高い書画・経典を吟味してもち出したことで知られている。地名では徴は長安東北百五十キロ、現在の陝西省澄城《ちょうじょう》県であり、商顔は同じく陝西省大茘《だいれい》県にある山である。また洛水は河南省の古都洛陽の南を流れる洛水ではなく、陝西省の中央部を北から南に流れて渭水《いすい》に注ぐ川である。

　徴と商顔は、ほぼ南北に直線に並ぶ位置にあり、その間の距離はおよそ三十五キロである。その間を「往往井を為《つく》り」、つまりつぎつぎと井戸を掘って地下を通じて水渠をつくったというのである。まさに今日、トルファンで見るカレーズと同様の施設である。

　右の文中の「瓠子」というのは、河南省の東端の地で、元光《げんこう》三年（前一三二）、そこで黄河が決潰した。十六郡をのみ尽くすほどの大氾濫で容易に修復することができず、決潰口が塞《ふさ》がれたのは、二十三年後の元封二年（前一〇九）であった。

それは張騫の二度にわたる出使の後のことであったが、趙破奴の楼蘭攻略、李広利の大宛遠征より以前であり、むろん、漢による西域屯田開始より前のことである。その時すでに中国では、井戸を穿ち、その地下に水路を通じる法が行われていたというのである。その法を、西域屯田に当って漢人がもちこまなかったはずはない、と考えられるゆえんである。なお識者の指正をまちたい。

ともあれ、中国の歴史において西域経営、タリム盆地（現在の新疆ウイグル自治区）経営が登場する時、その基盤は水利施設を如何に開発するかにあった。

近くは清代にも新疆に関心が高まっていたが、そこは罪を着せられた高官たちの左遷流謫《るたく》の地であった。アヘン戦争の際、勇断をもってアヘンを禁じ、ために冤罪を被った林則徐《りんそくじょ》も、道光《どうこう》二十二年（一八四二）、新疆のイリに流されている。また、乾隆帝の時代、宮中文書官である翰林院侍読学士をつとめ、乾隆《けんりゅう》三十八年（一七七三）、総編纂官の一人として十七万巻余りにのぼる中国歴代書籍を集大成した『四庫全書総目提要』を完成させた清代屈指の学者紀昀《きいん》も、縁者の事件にまきこまれて一時、ウルムチに左遷された。

だが、かれらは流謫の地で無為にすごしてはいなかった。ねがいは民生安定の一点であり、それは水渠開発・水利の確保という事業に尽力することに直結した。林則徐は今日もイリに「林公渠」という水渠を残している。また、紀昀は、七言絶句百六十首に及ぶ

「烏魯木斉《ウルムチ》雑詩」を残しているが、その「風土・其二十」にうたっている。

良田易得水難求　良田は得易けれど水は求め難し
水到秋深卻漫流　水は深秋に到りて卻《かえ》って漫流す
我欲開渠建官牐　我れ開渠して官牐《かんそう》を建てんと欲す
人言沙堰不能収　人は言う　沙堰は収む能わずと

詩意は簡明である。ここには沙漠で水渠を開くことへの意欲とその難しさがうたわれている。

以上に記したような事情は、今日も変りはない。一九四九年以降、新疆解放に当った解放軍の将兵の多くは、そのままこの地に残って沙漠での水利開発・開墾・屯田に当った。一団およそ千人、総計三十六個団が各地に分かれ、片手に銃、片手に鍬の屯田に従事した。三十六団は内地から嫁さんを迎えて結婚もし、人口もふえ、今ではすっかり農民となって国営農場を営んでいる。

現代でも屯田が新疆安定の基盤とされたのだ。むろん同時に、ウイグル族をはじめとする諸民族のオアシスの町も、緑の防砂林帯、耕田を拡大している。そうした現況を見るにつけても、張騫によるシルクロード開拓とそれにつづく漢の西域経営の事績を想い起すのである。その経営の前提であり基盤となったのが、穿井法を移入し、井渠や水路を開発し、利水を図ることであった。

第五章　張騫につづくもの――西域経営の功労者

烏孫の〝女王〟解憂公主

西域への道を張騫が開き、武帝が発展させて以降、前後両漢を通じて、時々とだえることがあったものの、西域経営はたゆまずつづけられた。そのなかで、さまざまな人物が西域に至ったが、今は三人の人物について記したい。意志的に事に当ったという意味で、張騫につづくものというべき人たちである。

まず、解憂《かいゆう》公主である。

元封《げんぽう》六年（前一〇五）、江都王劉建《りゅうけん》の娘細君《さいくん》が烏孫《うそん》王猟驕靡《りょうきょうび》に嫁いだことは、すでに第三章で記した。劉細君は烏孫公主とよばれたが、猟驕靡が老いると遊牧民族の風習に従って孫の岑陬《しんそう》に再嫁し、少夫《しょうふ》と名づけられた娘を一人生んで、淋しく異境に没した。

烏孫との結盟を重視した漢は、烏孫公主が死ぬと、ひきつづき公主を岑陬に嫁せしめることに決した。選ばれたのが解憂公主である。

解憂公主は楚王戊《ぼ》の孫娘であった。楚王戊は高祖劉邦の弟の交《こう》の孫であるから、解憂公主は高祖の代から数えて第五世代目になり、武帝より一世代後になる。ともかく、武帝と血縁のある公主であった。

いわば前任者である烏孫公主は、すでにあげた「悲愁歌」をよめばむろん、『漢書』西域伝からみても、どちらかといえば引っ込み思案の気弱な女性で、積極的に人前に姿をあらわすことなく涙にくれているというイメージがある。それにたいして解憂公主は何事にも積極的で、複雑な烏孫王族間の人間関係のなかにあって、さまざまな指示を発し、工作をする、いわば女丈夫タイプであった。史書にあらわれる限り、烏孫公主が武帝に上書したのは一度だけ。それも猟驕靡から岑陬に再嫁させられることを、わが意と習に合わぬからさしとめてくれるよう訴えたものであった。それにたいして、解憂公主はしばしば上書し、それも烏孫及び西域事情にかんする報告とその対策の建言であった。

そうしたことを通して、解憂公主は西域における烏孫の立場を強固にし、その結果、漢の威光を広めていた。

解憂公主が嫁してまもなく、岑陬が死ぬと、岑陬の叔父の子の翁帰靡《おうきび》が烏孫王に立ち、解憂公主は翁帰靡に再嫁した。二人の間には三男二女が生れた。そのなかの長女は弟史《ていし》とい い、亀茲《きじ》王絳賓《こうひん》に嫁した。亀茲は烏孫の南で接する天山南路の要衝であり、人口八万余を擁する当時の西域諸国のなかでは大国であった。その亀茲と婚姻を結ぶことは、烏孫にとって有益なことはむろん、解憂公主を通じて漢の西域経営にとってても利すること大であった。この亀茲との婚姻にも解憂公主の意志が働いていたにちがいない。

当時はまた、車師《しゃし》（トルファン）がしばしば匈奴と結んで不穏な動きをしていた。車師は亀茲の東にあって、漢が烏孫に通じる要道にあったから、これは放置できないことであった。

武帝のつぎの昭帝のとき（在位、前八七～前七四）、解憂公主はつぎのように上書している。

「匈奴は車師国に騎兵を発して狩猟し、車師と結んで烏孫を侵しています。どうか烏孫を救って下さい」

こうした状況のなかで亀茲が車師と、ひいては匈奴と結んだらどうなるか。亀茲もまた漢が烏孫に通じる要道上にあるのだ。解憂公主はそう考えたにちがいない。

解憂公主の上書をうけた昭帝は、烏孫救援・匈奴攻撃のことを朝議に咨《はか》ったが、容易に決せられないうちに昭帝は没した。出撃を決したのは、つぎの宣帝であった。

宣帝は即位の翌年の本始《ほんし》二年（前七二）、五将軍十五万騎の大軍を発し、それぞれ五方面から進撃させた。主力の三将軍はそれぞれ三万騎、合わせて九万騎が河西回廊から車師をめざした。他の二将軍のうち一軍四万は西河郡から、一軍三万は五原郡（雲中西方）から出撃して背後から匈奴の本拠を討った。

一方、烏孫《うそん》王翁帰靡は、漢の校尉常恵《じょうけい》の助力を得てみずから五万騎の烏孫兵を率いて西から進撃した。漢と烏孫の共同による、大規模かつ周到な対匈奴武力発動であった。

結果は大勝であった。

漢の五将軍は一軍が空振りだったほかは、各地で匈奴軍を破り、多くの首級・捕虜をあげ、馬・牛・羊万余を得た。だが、もっとも大きな成果をあげたのは、ほかならぬ翁帰靡軍であった。

翁帰靡は匈奴の有力な諸王の一人右谷蠡《ゆうこくり》王の本拠を攻め、その親族・高位高官・将軍以下四万の首級をあげ、馬・牛・羊・驢馬・駱駝七十余万頭を得たのである。衛青《えいせい》・霍去病《かくきょへい》の遠征以来、久しぶりの対匈奴戦大勝であり、その成果を超えてさえいた。この時を境に、匈奴の威勢は急速に衰えていく。

この宣帝の大軍発動も解憂公主の上書が動かしたものであった。

解憂公主は、容易に議を決しない昭帝にじりじりしていた。昭帝が没して宣帝が即位すると、時を移さずふたたび上書した。そして、こんどは夫の翁帰靡も上書している。解憂公主の生涯を通じての言動からみると、かの女が夫の尻をたたき督促したように思えてならない。

翁帰靡の上書の内容はこうであった。

「匈奴は今また大軍をくり出して烏孫の地を侵し、一部を奪いとり人民を連れ去っています。しかも、単于は使者を送ってきて、公主を引き渡すよう求めています。これは漢と烏孫を引き離そうとするものです。

ことここに至って、私は国内の精鋭の半ばを発動し、みずから五万騎を整え、全力をあげて匈奴を討とうと思います。どうか天子にも出兵されて、公主と私とをお救い下さい」

この上書の背後には、

——もし私が匈奴単于に連れ去られたらどういうことになるかお解りでしょう。今や一刻の猶予もなりません。天子（宣帝）に上書して下さい。あなた自身が兵を率いて匈奴を討つ決意を示せば、天子も動くでしょう——という、解憂公主の声が聞えてくるようだ。

こうして、さきに記したような大きな成果をあげ、漢と烏孫の盟約と通交は保たれた。

宣帝の元康《げんこう》二年（前六四）、翁帰靡が死ぬと、前王岑陬とその匈奴妻の子の泥靡《でいび》が王となった。烏孫王は漢の公主のほかに、匈奴から嫁したものも妻としていたのである。むろん、解憂公主は匈奴妻の勢力伸張を削ぐことに腐心していたにちがいないが、翁帰靡のあとを泥靡に嗣がせることは、かつての夫岑陬の遺言であり、それまで抑え妨げることはできなかった。

この泥靡を除く機会を解憂公主はうかがっていた。

烏孫王となった泥靡は狂王《きょうおう》と号し、烏孫の習に従って解憂公主は狂王に嫁した。二人の間には鴟靡《しび》という一男が生れたが、夫婦仲はよくなかった。狂王は暴虐で周囲の人心も離れていたのである。もともと狂王とは、泥靡じしんが号したわけではなく、漢がその言動の異常なことを見て、そうよんだのである。あるいは、解憂公主が言い出したのかも知れない。

時に漢使魏和意《ぎわい》が烏孫に着いた。漢への質子として長安にいた烏孫の王族を送りかえしに来たのである。解憂公主はさっそく魏和意に、狂王が烏孫の憂患であり、これを誅すべきことを訴えた。魏和意は解憂公主と謀って狂王のために酒宴を設け、スキを見て士卒に狂王を襲わせたが、手もとが狂って剣が急所をはずれ、狂王は手傷を負いながらも逃走した。

狂王は報復に起ち、手兵をもって公主と魏和意を赤谷城《せきこく》（烏孫王の居城）に囲んだが、これは初代西域都護鄭吉《ていきつ》の救援を得て事なきを得た。

この件の事後処理はいささか複雑だったが、そのなかで公主はよく面目を発揮している。まず、狂王が完全に離反し、漢と烏孫との通交が杜絶することを恐れた宣帝は、中郎将（副将軍）張遵《ちょうじゅん》をつかわして、狂王の傷を治療させ、金二十斤と采繒《いろぎぬ》を贈った。そして魏和意とその副官を捕えて長安に送らせ、二人を斬罪に処した。

一方、車騎将軍張翁《ちょうおう》に公主を捕えさせ、狂王謀殺の件を問責させた。張翁は公主の髪をつかんで罵ったというから、厳しい取調べだった。

だが、それでひるむような公主ではなかった。公主は逆に狂王謀殺の正当性と張翁の暴行の件を宣帝に訴えた。

事態は逆転した。気の毒といえば張翁で、長安に帰ると死罪に処せられた。また、その副使の季都《きと》は、狂王を治療し看護したばかりに、狂王謀殺の機会をのがした科《とが》で宮刑（男性機能を除去する刑）に処せられた。ここにも公主の意志が働いていたにちがいない。

　こうした混乱に乗じたのが、翁帰靡の匈奴妻の子の烏就屠《うしゅうと》であった。かれは匈奴の兵が後楯についたと揚言して衆を集め、狂王を襲って殺害し、みずから烏孫王を称した。

　この事態の収拾に当ったのは、解憂公主の侍女として烏孫にあった馮嫽《ふうりょう》であった。主《あるじ》の公主が女丈夫なら、侍女の馮嫽も才ある女性というべきであった。もともと史書にも精通し、西域事情もよく研究して通じていた。おそらくは弁舌もさわやかであったろう。公主は宣帝から信節を得てかの女に託し、かの女は使者となって西域諸国を賞賜し漢に協力すべきことを説いた。西域諸国はかの女を信頼尊敬し、馮夫人と称した。烏孫の右大将の夫人となっていたからである。

　馮夫人は西域都護鄭吉の意をうけて、烏就屠の説得に当った。「漢兵が出撃してあなたを討とうとしている。降伏するにこしたことはない」と。烏就屠は恐れをなして合意したが、また「願わくは小昆弥《こんび》（昆弥は烏孫王の称号）の称号を得たい」と申し出た。烏孫王はムリとしても、せめて小王の称号だけはいただきたいと馮夫人に懇願したのである。

　宣帝は親しく馮夫人を召して意見を徴した。その結果、元貴靡《げんきび》を大昆弥（大王）とし、烏就屠を小昆弥とすることに決し、烏孫の内紛を解決した。そして、馮夫人に信節を与え、錦車をもって送った。錦車は錦で飾った車であり、高位のものを遇するための車であった。

こうした一連の動向は馮夫人の才を伝えるに十分である。そして、その背後には解憂公主の意志が働いているのが見える。大昆弥となった元貴靡は前夫翁帰靡との間に生れた長男であった。翁帰靡との間には、三男二女の子をもうけたように、二人の間は親密であった。その長男を王に立てたいということこそ、公主の最大のねがいであったはずである。その願いさえ叶えられれば、たとえ親愛した翁帰靡の匈奴妻の子だとはいえ、結局自分とは夫婦愛を結ぶことのなかった狂王を殺すという功をあげた烏就屠が小昆弥を称するぐらい許してもよい――これが解憂公主の意向であり、馮夫人の宣帝への意見具申はそれをうけたものであったにちがいない。

解憂公主と翁帰靡との間に生れた三男二女については、長男はこうして烏孫王となり、長女は亀茲王に嫁した。かの女は亀茲王に愛され、亀茲王はまたかの女の言を入れて漢に朝貢するようになった。このほか、次男の万年《ばんねん》は漢の外戚としての縁を結んだうえで莎車《さしゃ》（西域南道の要衝の国、ヤルカンド）の王となり、三男の大楽《だいらく》は烏孫の左大将となって重きをなした。また次女は若呼翕侯《じゃくこきゅうこう》（烏孫の重臣）に嫁いだ。

このうち、莎車王となった次男の万年は粗暴の故に国人に殺され、ために莎車と漢との関係を悪化させている。この点は公主の誤算であったが、他の四人の子供はいずれも公主の意をうけて漢との誼みを通じるうえで力を尽くしていた。

宣帝の甘露《かんろ》三年（前五一）、公主は上書して帰国を願い出た。時に最愛の元貴靡も病で亡くし、年齢も七十に近く老いていた。望郷の念やみがたく、故国の土に葬られたいというのであった。宣帝はこれを許し、公主は三人の孫を伴って長安に帰った。

宣帝は烏孫及び関係諸国と漢との友好に果した解憂公主の功を嘉し、田宅・奴婢を賜って、篤く老後を養った。

長安に帰った二年後の黄龍《こうりゅう》元年（前四九）、解憂公主は世を去った。奇しくも宣帝が没した、その年であった。

公主の墳墓は三人の孫がそのまま長安に留って守ったと、『漢書』西域伝は伝えている。

最初の西域都護——鄭吉

張騫の二度にわたる西域出使、衛青、霍去病による河西回廊制圧、李広利《りこうり》の大宛《だいえん》遠征と傅介子の楼蘭攻略、そしてその結果としての輪台《りんだい》、渠犂《きょり》、伊循《いじゅん》（鄯善《ぜんぜん》）屯田——そうしたつみ重ねのうえで、本格的な西域経営の機関として西域都護府が設けられた。宣帝の神爵《しんしゃく》二年（前六〇）のことであった。元朔三年、張騫がはじめて西域に出使して月氏から帰還してから六十六年目のことであった。

初代の都護が鄭吉である。

鄭吉も張騫と同じように下位から身をおこし、西域とかかわりをもつことを通して頭角をあらわした。ただし、張騫がいわば外交家として功を樹てたのにたいし、鄭吉は軍事において才をふるった。

「鄭吉は会稽《かいけい》の人で、兵卒として従軍し、しばしば西域に出陣し、これによって郎となった」と、『漢書』第四十の鄭吉伝の条は書き出している。兵卒として西域に従軍するなかで功をあげて郎となり、官僚としての出世の糸口をつかんだことになる。

つづいて『漢書』はいう。

「(鄭)吉は生れつき力が強く意志も固く、外国の事情に通じていた」

この「意志も固く」というところは、張騫にも通じる資質であったが、故郷の会稽という土地柄も鄭吉の人間形成にあずかっていたかも知れない。

会稽は現在の浙江省の紹興を中心とする地で、春秋時代の越の故地である。紀元前五世紀、越は隣国の呉(蘇州)とはげしく争っており、そのなかから「臥薪嘗胆《がしんしょうたん》」という名言が生れた。「臥薪」は呉王夫差《ふさ》にまつわり、「嘗胆」は越王勾践《こうせん》の故事にもとづくもので、その二つを合わせたものである。

もともと越は呉にくらべて弱小であったが、勾践の父の代にようやく力をたくわえ、呉にとって脅威となった。紀元前四九七年、父が死んで勾践があとをつぐと、その機に乗じて呉王闔廬《こうりょ》は越に攻めこんだ。だが闔廬は右足に矢刃をうけて負傷し、それがもとで死んだ。死の床で闔廬は子の夫差に「越のうらみを忘れるな」とかたく命じた。夫差は毎夜、薪のうえに臥して身を痛めながら復讎の志をかためた。

こうして苦難をかさねて、父の死後三年目、夫差は越に攻め入り会稽山に越王勾践を囲んだ。かなわぬと見た勾践の臣范蠡《はんれい》の講和のすすめに従って、勾践夫妻は夫差に降り呉に連行される。夫差は二人を父闔廬のかたわらの石室に住まわせ、墓守りと馬の飼育の仕事をさせた。恥辱である。越は実質的に呉の属国となったのだ。世人は、

——会稽之辱

とはやしたてた。

だが、勾践夫妻は耐えた。果せるかな、三年たつと、夫差は二人が恭順であるとして許し、越に帰した。しかし、勾践の「雪辱」の念は消えていなかった。

越に帰った勾践は畑を耕し、夫人は機織りをして民と苦楽をわけあった。そして肉などのぜいたくなものは口にせず、つねに胆を嘗めてそのにがさをあじわい、人びとに、

——なんじ、会稽の辱を忘れたるか

と言わせて復讎の念をかためた。そして殖産につとめ、兵を訓練し、賢者を招いて策をたずね、もっぱら国力の充実につとめた。

こうして会稽の辱から二十二年目の紀元前四七三年、ついに兵をあげて夫差の呉を破り、雪辱を果した。それだけでなく、勾践は長江からさらに北の淮河《わいが》を渡って大国斉と晋に赴いて同盟を結び、春秋の覇者としてなお地位をたもっていた周の元王の封賞をうけて、春秋後

期の南方の盟主となったのである。軍事だけでなく外交においても勝利を収めたのである。

勾践の「嘗胆」「雪辱」の故事は、むろん越人に伝えられた。鄭吉もそれを聞いて育ったであろうし、いつか血肉としていたにちがいない。そうしたなかで「固い意志」と「外国の事情に通じる」資質を身につけていたはずである。

西域への出陣を重ねた鄭吉は、宣帝の代になると侍郎（士官級）に昇進して渠犂に屯田した。そして漢使に供給する食糧の蓄積につとめる一方、周辺諸国の兵を糾合して、烏孫に通じる要衝にありながら匈奴と結んでいた車師を攻めて破った。その功で衛司馬（警備隊隊長）に昇進し、鄯善以西の南道の警衛・管理に当った。すでに記したように鄯善はもとの楼蘭であり漢が西域に通じる必経の地として昭帝以来屯田をすすめた要衝であった。鄭吉は重責を担ったのである。

やがて、匈奴の内部で対立抗争がおこった。そのなかから、匈奴単于の従兄であり、西域に威を張っていた日逐王《にっちくおう》が、漢に投降したいと、令名つとにあがっていた鄭吉に申し出てきた。当時、こうした投降の申し出は時に謀略であることもあり、降将は軍をもって迎えることになっていた。鄭吉は渠犂・亀茲の兵五万を発し率いて日逐王を迎え、匈奴の兵民多数を漢に送った。

こうして鄭吉は車師を破り、匈奴の西域支配者日逐王を降して西域に威名をひろめた。そして鄯善以西の南道とともに、車師以西の北道（渠犂、亀茲、烏孫などの諸国を含む）の守護にも当り、西域都護となったのである。「都」とは中国語で「すべて」の意があることはすでに記した。また、最初の都護府が烏塁に置かれたこともすでに記したが、そこは当時、漢が威勢を及ぼした西域のなかでほぼ中央に位置していたのである。

宣帝は鄭吉の功を嘉して、安遠侯（遠方を安んずる）に封じ、食邑千戸を賜った。鄭吉も西域での功によって、張騫と同様、郎から列侯にのぼったのである。

西域都護となった鄭吉は、張騫出使以来、漢にとって盟友として重きをなしていた烏孫との関係強化に意を注いだ。時に烏孫にあった解憂公主は、前夫の烏孫王岑陬が死ぬと、その匈奴妻との間に生れた泥靡に再嫁していた。だが、泥靡は暴虐で公主とは不仲であり、やがて泥靡が烏孫王となって狂王と号されると、公主はこれを誅殺しようと謀った。その経緯と未遂に終った顚末は前項で記したが、そのあと狂王の子の細沈瘦《さいちんそう》が復讎の兵をおこし、父狂王の誅殺を指示した漢使魏和意と公主を赤谷城に包囲した。因みに、『漢書』西域伝には、狂王と公主との間には鴟靡《しび》という一男が生れたとあるだけなので、細沈瘦は狂王と匈奴妻との間の子であろう。

それはともかく、この時、鄭吉は西域諸国の兵を糾合して細沈瘦を攻めて包囲を解かせ、漢使と公主を救出して烏孫情勢を安定させた。まさに安遠侯という号にふさわしい功であった。

鄭吉の伝を記した『漢書』伝第四十にいう。

「漢の号令が西域に布かれたのは、張騫より始って鄭吉に完成した」

けだし適言というべきであろう。

その鄭吉も黄龍元年（前四九）に世を去った。奇しくも宣帝が、そして解憂公主が没した、その年であった。張騫がそうであったように、鄭吉も生年がわからないので、享年が何歳であったか不詳であるが、曽祖父武帝の遺志をついだ宣帝一代の西域経営に尽力した生涯であった。

鄭吉をはじめとする歴代の西域都護について、黄文弼《こうぶんひつ》が考証を試みている（前掲、拙訳『ロプノール考古記』）。それによれば、鄭吉は宣帝の神爵二年から黄龍元年までの十二年間、西域都護の職にあり、現職のまま没している。

歴代西域都護について、『漢書』伝第四十の賛は、

「元狩の際、張騫始めて西域に通じてより、地節《ちせつ》に至って鄭吉、都護の号を建て、王莽《おうもう》の世まで凡そ十有八人、皆、勇略を以て選ばる」

と記している。

ここでは鄭吉が都護になったのは地節年間（宣帝の初期、前六九〜前六六）とされているが、黄文弼は『漢書』の他の部分の記述などから論証してこれを否定し、神爵二年としている。本書も、その説によった。

また、王莽は西暦紀元前後の漢王朝の混乱に乗じて、いわばクーデターを起し、一時、新

と号する王朝を建てた（紀元九～二三）人物である。『漢書』伝第四十の賛は、鄭吉から王莽の漢王朝簒奪までに十八人の西域都護が立ったとしているのだが、それについて黄文弼は十人が考定できるとしている。そして、それぞれについて在任期間を考定している。それをもとに、以下、鄭吉以後の九人を列記しておく。なお、一人は再任されている。

韓宣《かんせん》：元帝の初元《しょげん》元年～同三年（前四八～前四六）
甘延寿《かんえんじゅ》：元帝の建昭《けんしょう》三年～同五年（前三六～前三四）
段会宗《だんかいそう》：元帝の竟寧《きょうねい》元年～成帝の建始《けんし》二年（前三三～前三一）
廉褒《れんほう》：成帝の建始三年～河平《かへい》元年（前三〇～前二八）
韓立《かんりつ》：成帝の陽朔《ようさく》元年～同三年（前二四～前二二）
段会宗（再任）：成帝の陽朔四年～鴻嘉《こうか》二年（前二一～前一九）
郭舜《かくしゅん》：成帝の元延《げんえん》元年～同三年（前一二～前一〇）
孫建《そんけん》：平帝の元始元年～同三年（紀元一～三）
但欽《たんきん》：平帝の元始四年～王莽の始建国《しけんこく》五年（四～一三）
李崇《りすう》：王莽の天鳳三年～更始《こうし》年間（一六～二三頃）

この一覧のなかの空白時期は、西域都護の氏名を考定できない期間である。また、任期は三年であることが多い。これについて黄文弼は、『漢書』伝第四十の賛にたいする如淳《じょじゅん》（三国時代の注釈家）の「辺吏、三歳にして一更す」という注を一つの基準によっているとしている。たしかに辺境の地での激務は三年が限度であったろう。むろん、今日でいう単身赴任であった。そういえば、今日でも一般の企業の転勤期間は三年がふつうだ。

右にあげた九人については、『漢書』伝第四十、匈奴伝、西域伝、王莽伝などに記述がある。その事績については、それらの伝にゆずるとして、かれらは烏孫を中心に車師、亀茲などの要衝を安定させ、なお威勢を残していた匈奴の勢力を削ぐことに腐心している。だが、前漢末期の国内の混乱、王莽の簒奪を機に漢の勢威が及ばなくなるとともに、西域諸国の離反がつづき、但欽に至っては焉耆《えんぎ》（カラシャール）の軍に殺害されている。時に王莽の始建国五年であった。

但欽のあとに李崇が都護になったものの、李崇も焉耆などの離反に悩み、漢の西域経営は崩壊し、李崇の後に西域都護府はしばらく廃絶された。

紀元二五年、光武帝が立って漢王朝を復興した（都を長安から東の洛陽に移したので、以後中国では東漢、日本では後漢という）。だが国内は依然として各地で群雄が跳梁跋扈《ちょうりょうばっこ》し混乱がつづき、西域経営には手が及ばなかった。その機に乗じて、西域では強国が近隣の弱小国を攻め併呑する動きがおこった。攻められた方は漢に庇護と救援を求めたが、光武帝にしてみればそれどころではなく、西域経営はしばらくの間、実質的に放棄された。

それが回復されるのは、光武帝のつぎの明帝の永平《えいへい》年間（五八〜七五）の末年、光武帝が立っておよそ五十年後のことであった。その主役が、次項に記す班超《はんちょう》であった。

虎穴に入らずんば虎子を得ず——西域に殉じた班超

班超は後漢の光武帝の建武《けんぶ》八年（三二）、長安東北の平陵《へいりょう》で生れた。前漢武帝の子の昭帝の陵のある地である。

没年は和帝の永元《えいげん》十四年（一〇二）であったが、その七十年の生涯を閉じる直前までの三十年間、西域にあって漢の威勢の拡大に粉骨砕身の労をとった。その間の班超の功によって、漢の威光は西域全体に及び、西は大秦＝ローマ帝国にまで達している。

その班超の行動の根底には、張騫のあとをつごうという明確な意志があった。

班超の親兄妹は、いずれも歴史家であり文筆家であった。二百年余りに及ぶ前漢王朝の歴史をまとめあげた『漢書』——これまで何度となく引いたこの厖大な史書を撰した班固《はんこ》は、他ならぬ班超の兄である。もともとこの『漢書』は、父班彪《はんぴょう》が手がけて完成できなかったものを班固が引きついだものであり、さらに班固が書き残した部分を補ったのが妹の班昭《はんしょう》であった。

班超も幼くしてよく読書、勉学に励んだ。また、労をいとわずよく母に孝養をつくした。

家貧しく、長じては官に就いて書写、筆耕の職に就いていた。だが、長らく勤めていたある日筆を投じて歎息して言った。

「大丈夫たるもの……猶《な》おまさに傅介子、張騫の異域に功を立て以て封侯を取るに効《なら》うべし。安《いずく》んぞ久しく筆研の閑に事《したが》うをえんや」（范曄《はんよう》撰『後漢書』班超伝）

——自分はこんなつまらぬことをしているわけにはいかない。今こそ事定まらぬ西域に出て功を立てなければならない。あの傅介子や張騫のように——というのである。

これを聞いた周囲のものがあざ笑った。それにたいして班超は言った。

「小子、安んぞ壮士の志を知らんや」

あの秦王朝打倒ののろしをあげた陳勝《ちんしょう》の故事（前述）が思いおこされる。班超じしん、陳勝を念頭に置いていたかもしれない。

こうして明帝の永平十六年（七三）、はじめて西域に出陣する機会を得た。奉車都尉（侍従武官）竇固《とうこ》の軍に従い、一隊を率いて伊吾《いご》（現在のハミ、敦煌の北三百五十キロ）から天山に至って匈奴を討ち、多くの首級と虜をあげた。竇固は北匈奴（当時、匈奴は南北に分裂していた）の実力者呼衍《こえん》王の軍を破る功をあげた。

このときの働きぶりから、竇固は班超の才を見ぬき、鄯善に派遣する。時に鄯善は、王莽の簒奪前後の漢の混乱を見て久しく朝貢せず、離反する気配があった。その鄯善を鎮撫させようというのである。

班超はわずか三十六人の手兵を率いて鄯善に向った。大軍によって最初から相手に事を構えさせるより、少数によって心の緩みをさそい、機をつかもうとしたのである。

果して時の鄯善王広《こう》は、当初、班超一行を漢使として丁重に迎えた。だが、ある時を境に急に待遇が悪くなった。かねてより西域事情について考究していた班超はただちに察知した。これは鄯善が漢に親しむことを恐れた匈奴が軍を送ってきたため、鄯善王がそれに気をつかい、一行への待遇を疎略にしはじめたにちがいない——

そのことを鄯善の接待役に聞いて確認した班超は、部下三十六人を集めて酒宴を開き、対策を問うた。その聞きかたが、いかにも班超らしい。

「諸君がこんなところまで来たのも、名誉と富を得たかったからにちがいない。とうぜんのことだ。だが、このままでは鄯善王はわしらを捕えて匈奴にさし出し、わしらは殺されてしまう。そうなれば諸君のねがいも一場の夢だ、どうするか」

これで人心は収攬された。一同は答えた。

「死ぬも生きるも、ご指示に従います」

もしここで班超が、「君たちが名誉と富を得ようなどというよこしまな心をもっていたから、こんな運命にあったのだ」などと、「清廉潔白」の聖人ぶりを示したら、一同の心はこうも一つにまとまったかどうか。反撥するものがかならずあらわれただろう。かれらののぞみをみとめたうえで、それを保証するにはどうすべきかと聞いたからこそ、心が一つになったのだ。

『後漢書』班超伝はいう。

「人と為《な》り、大志を有し、細節を修せず」

——大志を抱き、その実現のためには、細かいことに拘泥したり詮索しない、というのである。このいわば「清濁併せ呑む」人心収攬術こそが、言語も習慣も異り、臣服と離反常ならざる西域にあって三十年もの間、任を全うし、漢の勢威を広めえた班超の功の淵源であった。

それは苦難にみちた西域行を果してシルクロードを開拓した張騫に通じていた。その人となりは、「生来、堅忍不抜の志と寛大な心をもち、よく人を信じ、蛮夷に愛された」（『漢書』張騫伝）のである。そのうえで張騫は、

——言は必ず信、行《おこない》は必ず果

という『論語』の一節を身につけていた。一度口にしたことばには信頼がおけ、行動は果断だというのである。

鄯善における班超も然りであった。三十六人の部下の心を一つにまとめたところで、かねてより心にきめていた策を披露した。

「虎穴に入らずんば虎子を得ず。当今の計、独り夜に因《よ》りて火を以て虜を攻め、彼をして我の多少を知らざらしむること有るのみ。必ず大いに震怖《しんぷ》し、殄尽《てんじん》すべし」

——匈奴の大軍は虎のようなものだ。それにたいして夜に入ってから火攻めにし、こちらの軍勢の数がわからないようにする。今はこれだけが唯一の策だ。そうすれば、かならず相手はふるえおののき（震怖）、たおしつくす（殄尽）ことができるだろう。ともかく、強く大きい虎のふところにとびこまなければ、虎の子を得ることはできない、というわけである。

こうして班超はわずか三十六人の手兵を鼓舞して匈奴大軍の宿営に火を放ち勝利した。そして鄯善王広を漢に帰順させ、交通の要衝を確保した。明帝は班超の功を嘉し、軍司馬（参謀格）の職位を与えた。

これをキッカケに、班超の西域での活躍の舞台はつぎつぎと広がっていった。

当時、前漢末から後漢初期にかけて、漢の国内が乱れ、ために西域都護の派遣が廃されるなど、漢による西域への顧慮が及ばなくなったなかで、西域では強国が近隣の小国を攻め併呑する動きがつづいていた。それじたい西域の内部事情のように見えるが、問題は攻める側がほとんど例外なく匈奴を後楯としていることであった。したがって、西域での強国による併呑が進むことは、そのまま匈奴の勢力の拡大強化につながり、漢と西域との交通の杜絶を結果する。それは張騫の第一次出使以来、営々と重ねられてきた西域経営の成果を無にすることになり、班超としては坐視することはできなかった。

班超が鄯善王と誼みを結んだその年、西域南道の西の雄于《う》闐《てん》（ホータン）が、匈奴の支援をえて西隣の莎車（ヤルカンド）を攻めた。班超は于闐《うてん》を攻めて王の広徳《こうとく》を降し、莎車とあわせて漢に内附させた。西域南道で、はじめて鄯善以西を鎮撫したのである。

ほぼ同時に、北の天山南路でも火がついていた。亀茲《きじ》がやはり匈奴の力を背景に疏勒《そろく》（カシュガル）を攻め陥し、亀茲人の兜題《とうだい》を立てて疏勒王にすえたのである。疏勒は天山南路と西域南道の合流点であり、パミール以西の国々に通ずるには必経の要衝である。そこが亀茲の植民地となり匈奴に押さえられれば、漢の西域経営は身動きがとれなくなる。

班超は疏勒救援に赴いた。その時とった方策は、漢兵を前面に立てて亀茲と決戦するよりも、疏勒国人の自尊心に訴え、その力によって亀茲の力を削ぐことであった。その結果、亀茲に殺された前疏勒王の兄の子を王に立て、兜題を捕えることができた。疏勒王と国人は、みな兜題を殺すことを班超に願い出たが、班超は許さなかった。そうすることで亀茲が漢に臣服することを願ったのである。

のちに（明帝のつぎの章帝の建初《けんしょ》三年＝七八）、班超は章帝に西域経営論ともいうべきものを上書している。そのなかで「曠野に身を棄てた張騫に従って」西域諸国を帰順させることを誓い、その策として「夷狄を以て夷狄を攻める」ことを上策とするとしている。それは漢の力を消耗しないことを意図したこともむろんであろうが、同時に西域諸国間には相互に矛盾があり、それを正確に把握して対応することこそが西域経営の要諦であるという班超の認識を端的に示している。

班超が鄯善・莎車・于闐・疏勒を収めた二年後の永平十八年（七五）、一貫して班超の行動を支持していた明帝が没した。

この機に乗じて、かねてより匈奴に親附していた焉耆《えんぎ》（トルファン西南二百キロの要地）が、時の西域都護陳睦《ちんぼく》を攻め殺した。同時に、亀茲が隣国の姑墨《こぼく》（アクス）を誘って疏勒報復の兵を挙げた。

こうした情勢を見て、明帝のあとに立った章帝は恐れ消極的になり、班超に帰国命令を発した。班超とて勅命に抗することはできない。時に疏勒国内の一城に拠って亀茲の侵攻に備えていた班超が帰国の途につこうとすると、疏勒国内は王をはじめ上下をあげて憂え恐れた。班超が去れば亀茲に滅される――班超の部下の黎弇《れいえん》が、この世論をもとに班超の残留を訴えてみずから首を刎ねた。

だが、班超は帰国しなければならない。疏勒から西域南道を東へ五百キロの于闐に至った。すると王侯以下のものが号泣して訴えた。

「漢使に依ること父母の如し。誠に去《ゆ》くべからず」

――私たちは、あなた（漢使）を父母のように慕い頼っています。どうか行かないで下さい――そう訴えながら、班超の乗馬の脚にとりすがり引きとめたのである。

はじめて竇固に従って西域に出陣してからわずか数年にして班超は異域の人の心をつかんでいた。張騫のひそみにならうなら「蛮夷に愛された」のである。

班超はとどまった。そして亀茲に降っていた疏勒にひきかえして収復し、疏勒を安定させた。

その二年後の建初三年（七八）、班超は疏勒、康居、于闐、拘弥《こうび》（ケリヤ。于闐の東隣の国）の兵一万を動員して、亀茲とともに疏勒を攻めた姑墨を破って一つの禍根を断った。そのうえで章帝に上書して西域経営に消極的な章帝にその必要なこと、とくに亀茲を討つのが喫緊であることを説いた。さきに記した「夷狄を以て夷狄を攻める」計はこの上書のなかで述べられている。

また、ここでは西域諸国相互の間、そして漢にたいする姿勢についても、西域諸国は「降反（降服と離反）」常なく定まらないことが述べられている。

以後の事態はそのように進行した。亀茲を討とうというよびかけに反して莎車は兵を出すことを拒み、かえって亀茲に降る。これを見て疏勒のなかに漢に叛するものがあらわれる。班超は張騫が出使して以来、烏孫公主、解憂公主によって誼みが保たれてきた烏孫の大軍を発して事を収める。

たとえばこのような事態が連年くりかえされ、そのたびに班超は「常に勤苦を執《と》って」一つ一つ対応していった。そうして章帝のつぎの和帝の永元六年（九四）、長年の間、漢に叛しつづけた焉耆を平定したのを最後に、「西域五十余国、悉く皆、質（子）を納め内属す」（『漢書』班超伝）ることになったのである。

これより三年前の永元三年、班超は西域都護に任じられた。前任の陳睦が焉耆に攻め殺されてから十六年後のことであった。その間の班超の西域における働きをみれば遅きに失した感があるが、この人事の遅滞はそのまま後漢王朝の西域経営にたいする逡巡ぶりを示しているといえよう。

班超は西域都護府を烏塁からさらに西へ百キロの亀茲《きじ》に移した。それは西域経営が前進したことを意味している。章帝はしだいに西域経営の重要性を認識し、班超の功を嘉するに至った。そして建初七年（八二）、詔を下した。そのなかで焉耆が都護陳睦を殺害したことにふれ、班超がその讎《あだ》を雪ぎ、于闐以西に至るまでを安堵したとのべたあと、

「（班）超、遂に葱嶺《そうれい》を踰《こ》え、懸度《けんど》に迄《いた》る。（西域に）出入すること二十二年、賓従せざるは莫《な》し……遠夷の和を得、異俗の心を同じくし、而して天誅を致し、宿恥を蠲《のぞ》き、以て将士の讎に報ゆ」

葱嶺はパミール、懸度は現在のアフガニスタン東部の地である。

章帝の詔は班超の功を十分に嘉している。そして、「其れ超を封じて定遠《ていえん》侯と為《な》し、邑千戸とす」と結んでいる。

こうして漢の勢威を西域に遍《あまね》くし、西域経営を安定させ、シルクロードの東西交渉を発展させた班超は、さらにもう一つの大きな事績を残している。大秦（ローマ帝国）との道を開いたのである。

『後漢書』西域伝によれば、和帝（在位八八～一〇五）の時、班超は甘英《かんえい》を漢使として、「大秦に使わしむ。（甘英）条支《じょうし》に抵《いた》り、大海を臨む」とある。

条支は今日でいうシリアであり、大海は地中海である。この時は「波斯《ペルシャ》」の妨害もあって、甘英はローマに達することはできなかったけれども、今日「東は長安から西はローマに至る」とよびならわされているシルクロードは、この時、いわば全通したといってよいだろう。これ以後、中国の絹及び絹織物のローマへの移出はいよいよさかんとなり、ローマから金銀貨、玻璃《ガラス》、珊瑚、象牙等の珍貴な物産が中国に渡来した。

班超の使、甘英によって開かれた道を通って、やがて桓《かん》帝の延熹《えんき》九年（一六六）、ローマ皇帝のアントニウス（漢名は安敦《あんとん》）の使者が漢に入朝した。そして、「象牙、犀角、瑇瑁《たいまい》（亀甲）を献ず」と『後漢書』西域伝は伝えている。

こうして、前漢の張騫によって開かれた西域への道は、およそ二百年余りのちの後漢の班超によって完成されたということができよう。『後漢書』西域伝の論にいう。

「張騫は致遠之略を懐き、班超は封侯之志を奮い、終《つい》に能く西遐《せいか》（西の遠地＝筆者注・以下同）に功を立て、外域を羈服《きふく》（服属させる）す」

『後漢書』の撰者范曄《はんよう》のこの評は、けだし適言ということができよう。

こうして久しく西域で身を挺して働いた班超も年老い、郷里を思う心切なるものがあった。そして永元十二年（一〇〇）、和帝に上書して帰国を願い出る。時に班超は七十歳になった。

っていた。『後漢書』班超伝に記載された上書が、班超じしんの筆になるものとすれば、さすがに幼時より読書にはげんだといわれ、また家系のこともあって名文であり、班超が武骨だけの士ではなかったことを示している。そのなかの、

「臣、酒泉郡に到るを敢えて望まず、但《た》だ願わくは生きて玉門関に入らんことを」

というくだりは、班超の切なる心情を惻々と伝えて読むものの胸をうつ。すでに李広利の大宛遠征の項で記したように、玉門関は内地と異域を分ける境界であった。酒泉郡は玉門の東にあって、当時、内地となっていた河西回廊の要衝である。都の洛陽はおろか、酒泉に帰ることさえ望まない、せめて玉門関をこえ内地に一歩足をふみ入れて死にたい、と班超は訴えているのである。それはひとり班超だけでなく、長く西域にあるものの心情を代表していた。

この時、妹の班昭も兄の帰国について上書している。班昭がすぐれた文筆家であったことはすでに記した通りである。二人の上書に接した和帝も心動かされ、班超の願いを入れた。

永元十四年（一〇二）八月、班超は洛陽に帰った。長安平陵の生れの班超は、若き日、洛陽に移って仕官していた。思えば、鄯善で「虎穴に入らずんば虎子を得ず」の功をあげてから三十年ぶりのなつかしい都であった。

だが、思い出にふけっている時間はあまり残されていなかった。

西域に材を取った一連の名作を遺した井上靖に、班超を主人公にした『異域の人』があ

る。そのなかで、洛陽の町を歩く班超が子供たちに「胡人」とよばれる場面がある。当時、洛陽には班超じしんが切り開いた道を通って胡《えびす》の人がたくさんやって来ていたのだ。子供たちには、班超がその風貌、ふるまいからまるで胡人に見えたというのである。

西域にあること三十年、「遠夷の和を得、異俗の心を同じく」することに努めた班超である。じしんが胡人のようになっていたとしてもふしぎではない。

班超は胸を病んでいた。洛陽に帰ってまもなく病は重くなった。和帝は黄門（侍従の宦官）を遣わして見舞い医薬を賜ったが、それも効なく、洛陽に帰った一ヵ月後の永元十四年九月に世を去った。和帝はその死を惜しみ、使者を送って多くの弔慰の品とともに手厚く弔った。

班超の後任は任尚《じんしょう》であった。なお任地にあった時にそれを聞いた班超は首をひねった。任尚はすぐれた将軍としてきこえてはいたが、何事も曲ったことをゆるさず、清廉潔白を通していた。都護の下の戊己《ぼき》校尉として西域鎮撫に当っていたが、その人となり故にトラブルも多く、時に戦いに敗れることがあった。班超にはそれが気がかりだった。

着任のあいさつに訪れた任尚が班超に言った。

「小人、猥《みだ》りに君の後を承《う》く。任重く慮浅し。宜《よろ》しく以て之を誨《おしう》ること有るべし」

――私のような小人がやみくもに後任をおひきうけしてしまいました。職責の重さにたいして、私は思慮浅いものです。どうかご教示いただきたい。

班超は「あなたほどのかたに教えることもないが、是非にというなら」と言って答えた。

「君、性厳急《げんきゅう》なり。水清ければ大魚なし。察政は下の和を得ず。宜しく蕩佚簡易《とういつかんい》にして小過を寛《ゆる》くし、大綱を総《す》ぶるべし」

——あなたはきびしい性格だと聞いています。しかし「水清ければ大魚なし」です。きびしい政治（察政）では下のものとの和をうることはできません。何ごとも大まかな態度でのぞんで、小さな過《あやま》ちには寛大にし、大もとのところを総べるべきでしょう。

いかにも「人と為《な》り、大志を有し、細節を修せず」（『後漢書』班超伝）という班超らしい言であり、またこれまで見てきたような西域三十年の言動や実績からわり出した説得力がある。

だが、任尚には理解できなかった。

班超が帰国すると任尚は「ほんとうは何か奇策があるはずなのに、あの話は平平凡凡」と側近にもらしたと、『後漢書』班超伝は記している。それにつづけて、

「（任）尚、数年に至りて西域反乱す、以て罪により徴さる。（班）超の戒める如し」

と記している。班超が心配したとおりになったというのである。そして、安帝の永初《えいしょ》元年（一〇七）には都護が廃され、以後十数年、西域には漢の官吏の派遣は杜絶えた。班超が帰国してからわずか五年にして西域事情は一変したのである。

それ以後の後漢王朝と西域との関係は「三絶三通」であったと『後漢書』西域伝は記して

いる。杜絶えては通じ、通じては杜絶えるという状態がつづいたのである。

それは、前漢末期から後漢初期における両者の関係に見られるように、中国の国内情勢と西域諸国との、いわばつばぜり合いのなかで生れる状態であった。こうした状況は、後漢につづく魏晋南北朝から隋へと、およそ四百年間つづいている。

唐王朝が成立すると、両者はふたたび太いパイプで結ばれる。唐の威光は西域に遍《あまね》くし、西域からはさまざまな文化や物産が到来した。最盛期には四千人の胡人（主としてペルシャ人）が長安の都に滞在していたと、『資治通鑑《しじつがん》』（宋の司馬光撰）は伝えている。シルクロードの繁栄を背景にした大唐の都長安の栄華のさまは、石田幹之助の名著『長安の春』にくわしい。その栄華の波は、わが正倉院にまで達したのである。

張騫が開き、班超らによって拡げられた東西交渉の道は、つねに新しい生命が吹きこまれてきたといえよう。

エピローグ　墓前に思う

『漢書』の撰者班固《はんこ》は、伝第二十八の賛で、武帝の治世は人材を得たことで盛んになったとしたうえで、政治・経済・学問・軍事など各分野で功のあった人物を列挙している。そのなかで「奉使」、つまり外国に使いしたいわば外交家として第一に張騫をあげている。シルクロード開拓という大事業をなしとげたことを考えれば、とうぜんの評といえよう。そして、さらにいえば、その事業が後世に残した遺産は、むろん班固がその時代に知りえたところをはるかにこえている。

そのことを今改めて心に銘じるためにも、私は張騫の墓を訪れた。

張騫の霊は、故郷の陝西《せんせい》省漢中市城固《じょうこ》県饒家営《じょうかえい》に眠っている。小麦畑にとりまかれた墳丘は、高さ五メートル、南北二十メートル、東西十七メートルほどの斜坡墓道磚室墓で、その周囲に松柏（コノテガシワ）が植えられているのは、中国古来の墳墓のしつらえかたに則《のっと》っている。

墳墓の前には三基の碑がある。正面の一基は高さ二メートル弱で、「漢博望侯張公騫墓」の八文字が隷書で刻まれている。清の乾隆《けんりゅう》四十一年（一七七六）、時の陝西巡撫（知事）畢《ひつ》沅《げん》の書である。思えば張騫の死（元鼎《げんてい》三年＝前一一四）から数えておよそ千九百年後に建てられたものであり、それだけに畏敬の念の大きさが伝わってくる。この碑を中心に墓前の左右に立つ他の二基も、ともに清代のものである。

もう一つ、墳墓の右手の大きな松柏の下に立っている碑が私の足をとめた。「増修漢博望侯張公墓道碑記」と題されたこの碑には、こまかい文字がびっしりと陰刻されている。読み進むうちに、その内容が『漢書』張騫伝の全文だと知ったのである。張騫の事績にかんする、いわば第一級資料が、なにひとつ恣意を交えることなく心をこめて刻まれているのだ。こうした碑文には、ともすれば身びいきともいえる讃辞が加えられているものが多いのだが、ここにはいささかもそれがなく、往昔の張騫の事績がそのまま今日に伝えられている。民国二十八年（一九三九）、国立西北連合大学の手で建てられたもので、書は時の著名な言語学者黎錦熙《れいきんき》教授の手になっている。張騫の死後二千年余りのちに刻まれたこの碑が、末ながくその事績を後世に伝えつづけることを願わないわけにはいかない。

さらに墳墓から十五メートルほど離れた小麦畑のなかに、二基の石刻が左右に向いあって置かれている。かつては、墓道の両側にしつらえられたものであろう。「石虎」あるいは「天馬」とよばれ、漢代のものだという。それを見て私は霍去病《かくきょへい》の墓を思い起していた。

霍去病の墓は西安から西北へ五十キロの茂陵（武帝陵）の陪塚として営まれている。それは、匈奴にたいする軍事的勝利を決定づけた若き将軍霍去病にたいする武帝の思いのほどを示している。霍去病はまた、武帝の二番目の皇后衛子夫《えいしふ》の血縁に連なるものであり、寵愛ぶりはいっそう大きかったのである。武帝は霍去病を陪塚に葬ったうえ、その墓前には「匈奴を踏む馬」をはじめとする数基の天馬や虎の石刻を列ねさせ、その功と武勇を賞揚してやまなかったのである。

張騫は武帝の血縁でもないこともあって陪塚ではなく、都長安から離れた故郷に葬られたのだが、今も墓前にある石刻が伝えられるように漢代のものとすれば、その功は霍去病に比すべきものと考えられたのではないかとひそかに思う。

この石刻をめぐって地元に伝説が伝えられている。

張騫が若い頃のある夏の日——故郷の湑水《しょすい》という川のほとりの柳の木陰で涼をとりながら読書をしているうちに眠ってしまった。すると、川上から一つの槎《いかだ》が流れ下って来たので、とび乗ると、槎は流れ漂いつづけて、とある所に着いた。岸にあがると、目の前に大きな殿堂があり「斗牛宮」と大書してある。斗牛宮は北斗星と牽牛星であり、つまり槎は天界に漂いついたのだ。

見ればなかでは娘たちが機織りをしている。織られた布は「状元榜《じょうげんぼう》」であり、そこに「城固張騫」の四文字が織り出されている。張騫はびっくりした。なにしろ「状元」とは科挙の最終試験である殿試で首位の成績を収めたものの謂であり、その「榜」つまり名簿になんと自分の名が記されているのだ。驚いた張騫がふたたび槎にとびのると、夢からさめてもとの柳の下にいた。

やがて張騫は長安に出て官吏となった。ある日、朝議の席に連なっていると天から二つの怪物が降ってきて辺りをとび回る。皇帝が文武の廷臣にたずねたがだれもがわからないというなかで、張騫が「これは斗牛宮の織機を支えている石です」と答えた。すると怪物はピタリと動かなくなって石になった。皇帝は前人未踏の世界を知る人物として張騫を賞揚して「状元」の〝称号〟を贈った。そして張騫の死後、二つの石を刻んで虎とし、墓を守らせた――というのである。

すでにおわかりのように、この伝説は本書の冒頭に紹介した『博物志』の「張騫、天の河に行く」という説話に通じている。だが地元では、この伝説は『博物志』が成立した晋（三世紀）よりも早くから伝えられており、それが全国に伝わって行ったのだという。いわばこちらが元祖であり本家だというわけだが、いずれにせよ、〝広袤千里〟〝前人未踏〟の世界――西域に使いした張騫の事績から発したものには変りない。それは〝鑿空〟の事業にたいする後世の人びとの畏敬の念が結ばれたものなのである。

ともかく、こうして張騫は後世さまざまに語りつがれながら、今は故郷の小麦畑にかこまれ、松柏の木の下に静かに眠っている。

すでに記したように、漢中は三国志と深いかかわりのある地であり、近年日本人などの観光客が増えてきたが、それでも交通の便がよいとはいえず、他の中国の観光地に比べれば訪れる人は少い。そのうえ、張騫の墓は漢中の町からさらに四十キロ東にある。それだけに訪れる人はほとんどなくひっそりとしており、その静寂が二千百年余り前の張騫の事績をしのぶうえで、またとないよすがになっている。

思えば、張騫によって端緒が開かれた道すじに沿って、さまざまな人、もの、そして文化が行き交った。今日シルクロードとよばれるこの壮大な東西交渉の道を西から東へ渡った最大の文化は、仏教であった。

中国へ仏教がもたらされたのは、紀元一世紀であった。

紀元前六世紀、ブッダによってインドに興った仏教は、やがて紀元前三世紀中頃、インド全土を統一したマウリヤ王朝第三代の阿育王《アショカ》によって大いに広められた。阿育王は各地の仏跡を巡礼し、人びとの礼拝の対象として八万四千のストゥパ＝仏塔を建立して仏舎利（釈迦の骨、髪、歯）を分骨して収め、布教の証しとした。

それでも仏教は葱嶺＝パミールをこえて東に波及することはできなかった。パミールは万年雪をいただき氷河を抱えた七千メートル級の高峰が連なる嶮しい大山塊である。

そのパミール西南麓に、紀元一世紀初頭カドフィセス一世が起ってクシャン（貴霜）王朝が成立し、今日のインド西北部、パキスタンのペシャワールを中心とする地方を配下に収めた。このクシャン王朝も仏教を尊崇し、その強勢のもとに仏教ははじめてパミールの峻嶮をこえて東に伝わったのである。また、その後の仏教伝播のうえで大きな力となった仏像の制作も、クシャン王朝の配下にあったペシャワールを中心とするガンダーラ地方ではじまっている。

こうしてクシャン王朝の影響下における仏教東漸のあとは、現在の中国領シルクロードのタクラマカン沙漠の南縁に開けていた西域南道沿いの遺跡に見ることができる。たとえばニヤ遺跡のストゥパであり、ミーラン遺跡の寺院址に残されたヘレニスティックな壁画群である。その内容の詳細についてふれるのは本書の目的ではないので他にゆずるとして、ここではクシャン王朝が、張騫の第一次出使に当って第一の目的として結盟しようとした月氏と関係があったことに留意したいと思う。

月氏とクシャン王朝との関係については、これまでにもさまざまに論じられてきた。クシャン王朝でもっとも仏教伝播に力を尽くしたのはカニシカ王（在位、紀元二世紀前半から中頃までの二十年余り）であったが、そのカニシカ王は月氏の裔だとする説があった。これについて大いに疑問を呈したのは桑原隲蔵であったが、氏はまた月氏が前漢末から後漢初期に南下し、その居住区域はクシャン王朝の境域と重なっていたと指摘している（『桑原隲蔵全集』第三巻「東西交通史論叢」・岩波書店）。月氏南下の時は、まさに一世紀前半であり、クシャン王朝では仏教が隆盛を迎えようとしていた。やがて二世紀に入ってカニシカ王の時代に、この地の仏教はいよいよ盛んになり、その結果、月氏の裔が大いに仏教に親しんだであろうことは想像にかたくない。

中国では後漢の桓《かん》帝の時、中国仏教史に残る二つの大きな出来事があった。一つは建和《けんわ》二年（一四八）に安世高《あんせいこう》、その十九年後の延熹《えんき》十年に支婁迦讖《しるかせん》という二人の西域の高僧が多くの経巻を携えて都洛陽に来り、以後長期に滞在して大部の経典の翻訳に当り、中国仏教普及の基をつくった。

安世高は安息《あんそく》の人であった。安息は旧ソ連領トルクメン共和国〔現トルクメニスタン〕の境域にあり、当時仏教はその地にも広まっていた。そして、もう一人の支婁迦讖は、まさにクシャン王朝の境域内に居住する月氏の裔であった。

張騫の第一次出使の時から支婁迦讖の洛陽来朝まで、およそ三百年の歳月がたっていた。支婁迦讖が張騫の出使と月氏来訪のことを聞き知っていたかどうか、今は知る由もない。けれども、己が祖先の故地がパミールをこえたはるか東の河西の地であることを伝えきき、いわば祖先の呼ぶ声に導かれてパミールの峻嶮をこえ、河西の故地を通って遠く漢土に仏教を伝えようとする熱い志をもったとしてもふしぎではないと思う。むろん想像の域を出ないことであるが、それも歴史のロマンであり、支婁迦讖が通った道はまちがいなく三百年前に張騫が切り開いた葱嶺ごえの流砂の道であった。

二人の西域の高僧が熱い思いで西から東へ仏教を伝えるべく洛陽に至るより少し前の永元十四年（一〇二）、張騫の志をついで永年西域経営に奮迅の力を尽くした班超《はんちょう》は西域都護を辞して洛陽に帰り、まもなく世を去った。それ以後、中国と西域との交渉は前章にも記したように、いわゆる〝三絶三通〟——時に杜絶し時に通じるという状態がつづいた。それは主として中国における王朝の盛衰に起因しているが、しかし、その間も五世紀初頭の法顕《ほっけん》、七世紀初めの玄奘《げんじょう》などの高僧がインドに赴くなど、艱難にみちた流砂の道とパミールの峻嶮をこえて、人が行き交い文化が交流し物資が運ばれていた。そして、七、八世紀、中国で唐王朝が隆盛を迎えると、シルクロードは一つの絶頂期を迎えた。

その具象的な証しとして、今は二つをあげたい。

一つは敦煌莫高窟である。

すでに記したように、張騫の第一次出使中から武帝が発動した衛青《えいせい》・霍去病の軍によって匈奴の勢力が駆逐され、河西四郡の一つとして敦煌郡が置かれて以来、この地は東西交通路の要衝となった。そして四世紀に郊外の砂の山、鳴沙山《めいさざん》の断崖にはじめて一窟が開かれた。以来、十四世紀の元の時代まで、石窟造営は営々としてつづけられた。現存する石窟の数四百九十二、塑像二千体余り、壁画は四万五千平方メートル、一メートル幅に並べると四十五キロに達する。まさに世界最大の仏教美術の宝庫である。

この現存する四百九十二の窟のうち、実にほぼ半数にあたる二百三十二の窟が唐代造営である。そのなかでは、たとえば第四十五窟の菩薩や第二百二十窟の「西方浄土変相図」の西域伝来の舞楽の図や飛天など、美しい塑像や壁画が妍《けん》を競い、仏教美術の頂点を示している。それらは、まぎれもなくシルクロードの繁栄を背景にわが世の春を謳歌していた都長安の作風や画風をうけたものであった。その詳細については、今は別の拙著（『敦煌石窟』日本放送出版協会）にゆずるとして、ここでは西域伝来の仏教美術が敦煌莫高窟の唐代窟においてみごとに中国化を達成していることを指摘しておきたい。

もう一つは、一九七〇年十月、西安市南郊の何家村《かかそん》で発掘された文物である。大きな素焼きの甕のなかに、二百十六点に及ぶ金器・銀器がギッシリとつまっていたのである。その内容の詳細については中国から出されている報告書（「西安南郊何家村発現《（発見）》唐代窖蔵文物」＝考古雑誌『文物』一九七二年一月号など多数）にゆずるとして、ここには器形といい施された文様といい、すべてがペルシャ様式の西域伝来の香りにみちていた。なかにはササン朝ペルシャのホスロウ二世の銀貨もあった。

今では西安城の外にある何家村だが、唐代には興化《こうか》坊《ぼう》といって長安城内にあった。そして、この大量のペルシャ様式の金・銀器を収めた甕が埋めてあったのは、邠《ひん》王李《り》守礼《しゅれい》の邸宅跡であった（前掲報告書）。李守礼は玄宗皇帝の叔父の子であり、数多くの王族の一人にすぎない。その李守礼にしてかくも大量の、目を奪うばかりの金銀器を所有していたのだ。皇帝がどれほどの財宝を貯えていたか想像に余りある。それらはシルクロードの繁栄のたしかな証しであり、何家村出土の甕は、そのさまを今日に伝えるタイムカプセルであったということができる。

こうして敦煌莫高窟の唐代窟の美や西安何家村出土の財宝、さらには今世紀（二十世紀）

はじめに陸続として発見発掘された楼蘭、ミーラン、ニヤなどの遺跡と出土文物は、シルクロードの繁栄の跡を今日に伝えている。その繁栄の光と波は、海をこえて日本にも及んだ。いうまでもなく正倉院は、その一つの大きなモニュメントである。

シルクロードは漢・唐の都長安を中心に、西は遠くローマへ、東は日本に至る壮大な東西文化交流の道であった。

――井戸の水をのむ時、最初に井戸を掘った人を忘れるな――中国にはこういうことばがある。今日の私たちが汲めども尽きぬロマンと興趣にみちたシルクロードを開いたのが〝鑿空の人〟張騫であることを忘れるわけにはいかない。

敦煌石窟にこもり、熱砂のオアシス・トルファンの遺跡をめぐり、あるいは流砂の大沙漠タクラマカンにラクダで分け入るなど、長期にわたって「シルクロード」を取材する間、私のなかにはいつも張騫への思いがあった。そして今また墓前に立つと、流砂の道を行き交う人びとの先頭に立って歩む張騫の姿がうかんでくる。

重ねて合掌しながら、静謐にみちた質朴な張騫墓の今日のたたずまいが、いつまでも保たれ伝えられることをねがわないわけにはいかない。

解説

井上文則

本書名にあるシルクロードは、ユーラシア大陸の東西を結んだ交易路のことである。この交易路が「絹（シルク）の道（ロード）」と呼ばれているのは、古代においてここを運ばれた代表的な物産が中国の絹であったからである。

シルクロードには、大きく三つのルートがあった。ひとつは、ユーラシア大陸北方の草原地帯を通る道で、ステップルートと呼ばれる。このルートでは、遊牧民が重要な役割を果たした。もう一つは、南シナ海、インド洋、紅海などを通る海のシルクロードである。そして三つ目のルートが、その中間の中央アジアのオアシス諸都市を通るもので、日本人がシルクロードと聞いて、直ちに想起する、あの砂漠をラクダに乗って進む隊商の道である。

漢の武帝の時代（前一四一～前八七年）に張騫が開拓したとされるのは、この三つ目の最も有名なルートである。

当時、漢の北方には遊牧民の匈奴が強大な国家を築いており、漢は、高祖劉邦が前二〇〇年に匈奴に大敗を喫して以来、その圧力に苦しんできた。しかし、曽孫の武帝は、匈奴を打倒すべく動き始める。折しも、武帝の耳に、かつて匈奴に敗れて西に逃れた月氏という遊牧民が対匈奴戦の同盟者を探しているとの話が入った。そこで、月氏への使者として選ばれたのが張騫だったのである。

張騫の旅は、苦難に満ちたもので、往路でも復路でも匈奴に捕らえられ、帰国まで一三年（前一三九～前一二六年）もかかった。しかも、苦労して辿り着いた月氏は移動先のアム川の北側、すなわち現ウズベキスタン南部で既に安住しており、軍事同盟は成立しなかった。前一一五年には、張騫は再び、今度は烏孫という天山山脈の北方にいた遊牧民と同盟を結ぶために西方に派遣されたが、この同盟工作も失敗に終わった。主目的は果たせなかったものの、張騫は西方諸国の貴重な情報を漢にもたらした。そして、その情報は武帝の西方進出を強く促し、これに伴って交易活動も活発になった。張騫がシルクロードの開拓者と呼ばれる所以である。

ただし、シルクロードを開拓したと言っても、正確を期すれば、中央アジアを通るルート自体は張騫以前から開いており、東洋史学者の榎一雄による「張騫が往って始めて中央アジアの事情が判ったのではなく、既に或る程度判っていたから出かけたと解するのが事の真相を得ていると考えられる」（「張騫の鑿空」『榎一雄著作集』第一巻、汲古書院、一九九二年所収、初出は一九八二年）との指摘は正鵠を得たものであろう。したがって、この意味では、張騫にしばしば冠される「東方のコロンブス」との表現は誇張と言わざるを得ないのだが、しかし、張騫のもたらした情報が漢の対外政策を決定的に方向づけたのは事実であり、また張騫が史料の極めて乏しいこの時代の中央アジアの唯一無二の案内人であることには変わりない。

そのため、張騫は多くの人の関心を引いてきた。代表的な研究としては、大正期の桑原隲蔵による「張騫の遠征」(『桑原隲蔵全集』第三巻、岩波書店、一九六八年所収、初出は一九一六年)を皮切りに、昭和に入っては長沢和俊『張騫とシルクロード—東西文化の交流』(清水書院、一九七二年)などがあり、近年では張騫を主人公にした小説も出ている。一連の張騫の研究・作品のなかにあって本書の特徴は、著者のシルクロードにおける実地体験と随所にちりばめられた中国の故事・漢語の来歴への言及にある。前者については、例えば、黄河上流を羊の皮でできた筏で渡ったことや、砂漠で思いがけず鳥獣に出会ったこと、さらには崑崙山の雪解け水が砂漠で時に猛威を振るった跡を目の当たりにしたことなどが記憶に残るし、後者には、「遠交近攻」から「持節・変節」「防秋」「怒髪冠を衝く」といった言葉が取り上げられている。また、多くの漢詩が引用されて、本書を彩る。このような著述の姿勢には、著者の経歴が反映されている。

著者の田川純三(一九三四〜一九九三年)は、慶応義塾大学で中国文学を学び、卒業後はＮＨＫに入局し、ＮＨＫ特集「シルクロード—絲綢之路」(一九八〇年)や「大黄河」(一九八六年）のチーフディレクターを務めた。退局後は、都立大学や大東文化大学で教壇に立ち、中国文学や中国文化史を講じた。本書の他にも、『中国名言・故事　人生篇』（日本放送出版協会、一九九〇年）や『杜甫の旅』（新潮社、一九九三年）など、多数の作品を執筆している。多くの著作をものした人だけに、本書もまたその文章によどみはなく、一気に面白く通読できる。中国の古典に暗い解説者は、教えられること大であった。もちろん、張騫の事績は、張騫後の漢代のシルクロード史も含めて余すところなく語られている。

他方で、これは決して本書の瑕疵《かし》ではないが、著者の関心のありようから、張騫の生きた時代が長いユーラシアの歴史の中でどのような位置にあったのかが見えづらいのも否めない。最後に、この点を補足しておきたい。

先に言及したように、漢は、武帝の下、前一二九年以後、遊牧民匈奴に対して攻勢に出ていた。前一二七年には、オルドス地方（黄河の湾曲部に囲まれた高原で、現在の内モンゴル自治区南部に当たる）を奪い、さらに前一二一年には、河西回廊と呼ばれる西方への通路に当たる地域からも匈奴を追い払った。後に、この地には敦煌、酒泉、張掖、武威の四郡が設置された。こうして、漢は、河西回廊のさらに西方にあった楼蘭などタリム盆地の諸国家にその影響力を及ぼすことになったのである。対する匈奴は、従前彼らが行っていたタリム盆地の支配にくさびを打ち込まれたことで、経済的利益を大きく失って、衰退に向かう。井上靖の小説『楼蘭』では、漢と匈奴に挟まれて苦悩する楼蘭の姿が見事に描き出されている。
タリム盆地を抜けると、その西には、大宛、康居、大月氏、大夏、安息、条支などの国々があった。

大宛は、ウズベキスタンのフェルガナ地方に位置した農業国で、住人は城郭都市に住んでいた。その主邑は貴山城と言ったが、正確な場所は分かっておらず、その比定をめぐって桑原隲蔵と藤田豊八の間で激論が交わされた。大宛は、汗血馬と呼ばれる名馬の産地でもあり、武帝は汗血馬を得るために、二度にわたって大宛遠征軍を送りだしている。

大宛の西北約二〇〇〇里（約八〇〇キロメートル）のところにあったとされるのが康居である。康居は遊牧民の国であったが、弱体で匈奴と大月氏に服属していた。

大月氏とは、西方に逃れた月氏のことである。張騫が前一二八年頃にこの地を訪れた時には、大月氏はアム川の北におり、遊牧生活を送りつつ、南方の大夏も支配下に置いていた。大夏は、ギリシア・ローマの史料ではバクトリアと呼ばれた地方で、現アフガニスタン北部に当たる。かつて、この地にはギリシア人の国家が存在していた。古代ローマ時代の地理学者ストラボンによれば、バクトリアは、シル川（アム川に並行してその北を流れる）北方から侵入して来たトカロイ人などの遊牧民によってギリシア人から奪われた、とされる。これらの遊牧民と大月氏との関係については様々な議論があるが、いずれにしても大夏が大月氏の支配下に入ったのは、前一三〇年代と考えられているので、その後まもなくこの地に足を踏み入れた張騫は未だ色濃く残るギリシア人の世界を目にしたはずである。

敦煌近郊にあった駅伝施設・懸泉置の遺跡では、一九八七年以後の調査によって、大量の漢代の木簡が見つかっている。これらの木簡が解読された結果、前五〇年頃に大月氏の王のみならず、大月氏の支配下にあった翕侯も独自に漢に使節を送っていたことが明らかになった（小谷仲男「敦煌懸泉漢簡に記録された大月氏の使者」『史窓』二〇一五年）。翕侯は、大月氏が大夏を統治するために置いた大名のようなもので、五人いたとされ、前一世紀には五翕侯の一人貴霜翕侯がクシャーナ朝を興し、インド北部にまでその勢力を伸ばすことになる。

張騫により西方最大の王国と伝えられるのが安息であり、これはイランにあったアルサケス朝パルティアのことである。張騫の時代の王は、ミトラダテス一世（在位前一七一～前一三八年）、フラーテス二世（在位前一三八～前一二七年）、アルタバノス一世（在位前一二七～前一二四年）、ミトラダテス二世（在位前一二四～前八八年）である。ミトラダテス一世は、メソポタミア地方を征服した英主であったが、治世の末からは、バクトリア方面から遊牧民の侵入を受け、フラーテス二世とアルタバノス一世は、遊牧民との戦いで戦死し、やはり英主とされるミトラダテス二世がこの問題を解決した。パルティアを襲った遊牧民はサカ人とされるが、彼らの実態についても諸説ある。確かなことは、彼らの侵入が月氏の西方移動の影響で引き起こされたものだということである。

安息の西には条支があり、条支についてはこれをシリアとするかメソポタミア南部とするかで、説が分かれる。条支以西について張騫は知らなかったようで、この時期に西アジアに進出しつつあったローマへの言及もない。

ユーラシアの歴史は、遊牧国家と定住国家の抗争を一つの軸として展開してきたが、張騫の時代のユーラシアは、匈奴やサカ人といった遊牧民の勢力が漢やパルティアによって抑え込まれ、定住国家が優勢になりつつあった時期だったと言えるだろう。ローマの台頭が可能になったのも遊牧民の衰勢が関係していたに違いない。仮にこの段階で、後のフン人のような遊牧民がヨーロッパ方面に出現していたならば、ローマは大帝国を築けなかったであろう。最終的に、前一世紀の終わりには、ユーラシア大陸に東から漢、クシャーナ朝、パルティア、ローマの巨大定住国家が並び立つようになり、交通路の安定が確保され、古代のシルクロードの全盛時代が訪れることになるのである。

（早稲田大学教授　西洋史）

KODANSHA

本書は、『シルクロードの開拓者　張騫』（一九九一年九月、筑摩書房ちくまライブラリー）を改題し、解説をつけたものです。

文庫化にあたり読みやすさに配慮して、ルビの追加を行い、明らかな誤植は訂しています。

経年などにより説明が必要と思われた箇所には、編集部註を〔　〕との形で補足いたしました。

田川純三（たがわ　じゅんぞう）
1934-1993年。東京生まれ。慶應義塾大学文学部中国文学科卒業。1959年，NHK入局。中国関連番組を多数手がけ，「シルクロード」「大黄河」のチーフディレクターを務める。1989年，退局。都立大学，NHK学園などで中国文化史，中国文学の教鞭をとる。著書に『大黄河をゆく』『杜甫の旅』『知っておきたい中国の名言・故事100選』など。

講談社学術文庫

定価はカバーに表示してあります。

張騫《ちょうけん》
シルクロードの開拓者《かいたくしゃ》
田《た》川《がわ》純三《じゅんぞう》

2024年９月10日　第１刷発行

発行者　森田浩章
発行所　株式会社講談社
東京都文京区音羽2-12-21 〒112-8001
電話　編集（03）5395-3512
販売（03）5395-5817
業務（03）5395-3615
装　幀　蟹江征治
印　刷　株式会社広済堂ネクスト
製　本　株式会社国宝社
本文データ制作　講談社デジタル製作

ISBN978-4-06-537100-8

「講談社学術文庫」の刊行に当たって

これは、学術をポケットに入れることをモットーとして生まれた文庫である。学術は少年の心を養い、成年の心を満たす。その学術がポケットにはいる形で、万人のものになることは、生涯教育をうたう現代の理想である。

こうした考え方は、学術を巨大な城のように見る世間の常識に反するかもしれない。また、一部の人たちからは、学術の権威をおとすものと非難されるかもしれない。しかし、それはいずれも学術の新しい在り方を解しないものといわざるをえない。

学術は、まず魔術への挑戦から始まった。やがて、いわゆる常識をつぎつぎに改めていった。学術の権威は、幾百年、幾千年にわたる、苦しい戦いの成果である。こうしてきずきあげられた城が、一見して近づきがたいものにうつるのは、そのためである。しかし、学術の権威を、その形の上だけで判断してはならない。その生成のあとをかえりみれば、その根は常に人々の生活の中にあった。学術が大きな力たりうるのはそのためであって、生活をはなれた学術は、どこにもない。

開かれた社会といわれる現代にとって、これはまったく自明である。生活と学術との間に、もし距離があるとすれば、何をおいてもこれを埋めねばならない。もしこの距離が形の上の迷信からきているとすれば、その迷信をうち破らねばならぬ。

学術文庫は、内外の迷信を打破し、学術のために新しい天地をひらく意図をもって生まれた。文庫という小さい形と、学術という壮大な城とが、完全に両立するためには、なおいくらかの時を必要とするであろう。しかし、学術をポケットにした社会が、人間の生活にとってより豊かな社会であることは、たしかである。そうした社会の実現のために、文庫の世界に新しいジャンルを加えることができれば幸いである。

一九七六年六月

野間省一

外国の歴史・地理

441
白川 静著
中国古代の文化
中国の古代文化の全体像を探る。斯界の碩学が中国の古代を、文化・民俗・社会・政治・思想の五部に分かち、日本の古代との比較文化論的な視野に立って、その諸問題を明らかにする画期的作業の第一部。

1127
カエサル著／國原吉之助訳
ガリア戦記
ローマ軍を率いるカエサルが、前五八年以降、七年にわたりガリア征服を試みた戦闘の記録。当時のガリアとゲルマニアの事情を知る上で必読の歴史的記録として有名。カエサルの手になるローマ軍のガリア遠征記。電P

1129
橋口倫介著
十字軍騎士団
秘密結社的な神秘性を持ち二百年後に悲劇的結末を迎えたテンプル騎士団、強大な海軍力で現代まで存続した聖ヨハネ騎士団等、十字軍遠征の中核となった修道騎士団の興亡を十字軍研究の権威が綴る騎士団の歴史。

1234
カエサル著／國原吉之助訳
内乱記
英雄カエサルによるローマ統一の戦いの記録。前四九年、ルビコン川を渡ったカエサルは地中海を股にかけ政敵ポンペイユスと戦う。あらゆる困難を克服し勝利するまでを迫真の名文で綴る。ガリア戦記と並ぶ名著。

1273
西嶋定生著
秦漢帝国
中国古代帝国の興亡
中国史上初の統一国家、秦と漢の四百年史。始皇帝が初めて中国全土を統一した紀元前三世紀から後漢末までを兵馬俑の全貌も盛り込み詳述。皇帝制度と儒教を軸に劉邦、項羽など英雄と庶民の歴史を泰斗が説く。

1300
布目潮渢《ちょうふう》・栗原益男著
隋唐帝国
三百年も東アジアに君臨した隋唐の興亡史。律令制の確立で日本や朝鮮の古代国家に多大な影響を与えた隋唐帝国。則天武后の専制や玄宗と楊貴妃の悲恋など、波乱に満ちた世界帝国の実像を精緻に論述した力作。

外国の歴史・地理

1317
モンゴルと大明帝国
愛宕《おたぎ》松男・寺田隆信著

征服王朝の元の出現と漢民族国家・明の盛衰。チンギス＝カーンによるモンゴル帝国建設とそれに続く元の中国支配から明の建国と滅亡までを論述。耶律楚材の改革、帝位簒奪者の永楽帝による遠征も興味深く説く。

1340
朝鮮紀行
英国婦人の見た李朝末期
イザベラ・バード著／時岡敬子訳

百年まえの朝鮮の実情を忠実に伝える名紀行。英人女性イザベラ・バードによる四度にわたる朝鮮旅行の記録。国際情勢に翻弄される十九世紀末の朝鮮とその風土、伝統的文化、習俗等を活写。絵や写真も多数収録。電

1393
アウシュヴィッツ収容所
ルドルフ・ヘス著／片岡啓治訳（解説・芝　健介）

大量虐殺の責任者R・ヘスの驚くべき手記。強制収容所の建設、大量虐殺の執行の任に当ったヘスは職務に忠実な教養人で良き父・夫でもあった。彼はなぜ凄惨な殺戮に手を染めたのか。本人が淡々と語る真実。

1419
古代中国
原始・殷周・春秋戦国
貝塚茂樹・伊藤道治著

北京原人から中国古代思想の黄金期への歩み。原始時代に始まり諸子百家が輩出した春秋戦国期に到る悠遠な時間の中で形成された、後の中国を基礎づける独自の文明。最新の考古学の成果が書き換える古代中国像。

1432
中国通史
問題史としてみる
堀　敏一著

歴史の中の問題点が分かる独自の中国通史。中国の歴史をみる上で、何が大事で、どういう点が問題になるのか。書く人の問題意識が伝わることに意を注ぎ古代から現代までの中国史の全体像を描き出した意欲作。電P

1451
コーヒー・ハウス
18世紀ロンドン、都市の生活史
小林章夫著

珈琲の香りに包まれた近代英国の喧噪と活気。十七世紀半ばから一世紀余にわたりイギリスの政治や社会、文化に多大な影響を与えた情報基地。その歴史を通し、爛熟する都市・ロンドンの姿と市民生活を活写する。電P

外国の歴史・地理

1454
オランダ東インド会社
永積《ながづみ》　昭《あきら》著（解説・弘末雅士）

東インド貿易の勝利者、二百年間の栄枯盛衰。香料貿易を制し、胡椒・コーヒー等の商業用作物栽培に進出して成功を収めたオランダ東インド会社は、なぜ滅亡したか？　インドネシア史を背景にその興亡を描く。

1526
大清帝国
増井経夫著（解説・山根幸夫）

最後の中華王朝、栄華と落日の二百七十年。政治・経済・文化等、あらゆる面で中国四千年の伝統が集大成された時代・清。満州族による建国から崩壊までを描き、そこに生きた民衆の姿に近代中国の萌芽を読む。

1579
酒池肉林
井波律子著

中国の贅沢三昧

中国の厖大な富が大奢侈となって降り注ぐ。甍を競う巨大建築、後宮三千の美女から、美食と奇食、大量殺人、麻薬の海、そして精神の蕩尽まで。四千年をいろどる贅沢三昧の中に、もうひとつの中国史を読む。
電 P

1595
魏晋南北朝
川勝義雄著（解説・氣賀澤保規）

〈華やかな暗黒時代〉に中国文明は咲き誇る。秦漢帝国の崩壊がもたらした混乱と分裂の四百年。専制君主なき群雄割拠の時代に、王羲之、陶淵明、『文選』等を生み出した中国文明の一貫性と強靱性の秘密に迫る。

1665
古代ギリシアの歴史
伊藤貞夫著

ポリスの興隆と衰退

西欧文明の源流・ポリスの誕生から落日まで。先史文明から諸王国の崩壊を経て民主政を確立した都市国家。ペルシア戦争に勝利し黄金期を迎えたポリスがなぜ衰退したか。栄光と落日の原因を解明する力作。

1674
古代インド
中村　元著

モヘンジョ・ダロの高度な都市計画から華麗なグプタ文化まで。苛酷な風土と東西文化の混淆が古代文明を育んだ。古代インドの生活と思想と、そこに展開された原始仏教の誕生と変遷を、仏教学の泰斗が活写する。

外国の歴史・地理

2655
川本芳昭著
中国の歴史5
中華の崩壊と拡大
魏晋南北朝

乱立する五胡十六国、雲岡・龍門などの壮麗な石窟寺院、華開く六朝文化。東アジアに新たな世界秩序が築かれ、中華意識が形成された、四〇〇年にわたる大分裂時代。「蛮」と融合し、漢民族は巨大化していく。

電P

2656
氣賀澤保規著
中国の歴史6
絢爛たる世界帝国
隋唐時代

貴族文化と北方遊牧民のおおらかな気風が、世界最高の文明国を生み出した。シルクロードの国際都市・長安。楊貴妃・則天武后ら女性の登場。仏教と文芸も栄えた大帝国が倒れた時、東アジア世界は一変する。

電P

2657
小島　毅著
中国の歴史7
中国思想と宗教の奔流
宋朝

朱子学の誕生、士大夫による文治主義の確立。軍事的には北方の異民族王朝の侵攻に苦しみながら、中国伝統文化の型を作り上げた時代。喫茶と陶磁、文人画や禅など、「宋」は日本文化の奥底に生きている。

電P

2658
杉山正明著
中国の歴史8
疾駆する草原の征服者
遼　西夏　金　元

契丹＝キタイ帝国、沙陀軍閥の後唐、タングト族の西夏、女真族の金。多極化と流動化のはてに、歴史の統合者たる大モンゴル国が浮上する。ユーラシアを席捲した騎馬遊牧民の興亡と、超域帝国誕生のドラマ。

電P

2659
上田　信著
中国の歴史9
海と帝国
明清時代

巨大事業に彩られた古代的な王朝・明から、近代的な活気に満ち、少数の満洲族のもとで多数の漢族が闊達に生きていた清朝へ。倭寇、銀の流通、チベット仏教、アヘン交易など、地球的視野で五〇〇年を描く。

電P

2660
菊池秀明著
中国の歴史10
ラストエンペラーと近代中国
清末　中華民国

史上初めて、南の辺境から改革の風が吹いた。太平天国は、孫文の辛亥革命、蔣介石の北伐、毛沢東の長征へ続く激動の始まりだった。流転する皇帝の数奇な運命と、中華再生をかけた魯迅、張学良らの苦闘。

電P

外国の歴史・地理

1780
伊東俊太郎著（解説・三浦伸夫）
十二世紀ルネサンス
中世の真っ只中、閉ざされた一文化圏であったヨーロッパが突如として「離陸」を開始する十二世紀。多くの書がラテン訳され充実する知的基盤。先進的アラビアに接し文明形態を一新していく歴史の動態を探る。

電P

1784
岡田英弘・神田信夫・松村　潤著
紫禁城の栄光　明・清全史
十四～十九世紀、東アジアに君臨した二つの帝国。遊牧帝国と農耕帝国の合体が生んだ巨大な多民族国家・中国。政治改革、広範な交易網、度重なる戦争……。「シナ」が中国へと発展する四百五十年の歴史を活写する。

電P

1803
岩村　忍著
文明の十字路＝中央アジアの歴史
ヨーロッパ、インド、中国、中東の文明圏の間に生きた中央アジアの民。東から絹を西から黄金を運んだシルクロード。世界の屋根に分断されたトルキスタン。草原の民とオアシスの民がくり広げた壮大な歴史とは？

電P

1866
井上浩一著
生き残った帝国ビザンティン
興亡を繰り返すヨーロッパとアジアの境界、「文明の十字路」にあって、なぜ一千年以上も存続しえたか。皇帝・貴族・知識人は変化にどう対応したか。ローマ皇帝の改宗から帝都陥落まで「奇跡の一千年」を活写。

電P

1869
M・ブラッグ著／三川基好訳
英語の冒険
英語はどこから来てどのように世界一五億人の言語となったのか。一五〇〇年前、一五万人の話者しかいなかった英語の祖先は絶滅の危機を越えイングランドの言葉から「共通語」へと大発展。その波瀾万丈の歴史。

1874
J・ギース、F・ギース著／青島淑子訳
中世ヨーロッパの農村の生活
中世ヨーロッパ全人口の九割以上は農村に生きた。舞台はイングランドの農村。飢饉や黒死病、修道院解散や囲い込みに苦しむ人々は、村という共同体でどう生き抜いたか。文字記録と考古学的発見から描き出す。

外国の歴史・地理

2154
悪魔の話
池内　紀著

ヨーロッパ人をとらえつづけた想念の歴史。彼らの不安と恐怖が造り出した「悪魔」観念はやがて魔女狩りという巨大な悲劇を招く。現代にも忍び寄る、あの悪夢を想起しないではいられない決定版・悪魔学入門。
電 P

2192
ヴェネツィア　東西ヨーロッパのかなめ　1081～1797
ウィリアム・H・マクニール著／清水廣一郎訳

ベストセラー『世界史』の著者のもうひとつの代表作。十字軍の時代からナポレオンによる崩壊まで、軍事・造船・行政の技術や商業資本の蓄積に着目し、地中海最強の都市国家の盛衰と、文化の相互作用を描き出す。

2200
イザベラ・バード　旅に生きた英国婦人
パット・バー著／小野崎晶裕訳

日本、チベット、ペルシア、モロッコ……。外国人が足を運ばなかった未開の奥地まで旅した十九世紀後半の最も著名なイギリス人女性旅行家。その幼少期から異国での苦闘、晩婚後の報われぬ日々まで激動の生涯。

2215
ローマ五賢帝　「輝ける世紀」の虚像と実像
南川高志著

賢帝ハドリアヌスは、同時代の人々には恐るべき「暴君」だった！　「人類が最も幸福だった」とされるローマ帝国最盛期は、激しい権力抗争の時代でもあった。平和と安定の陰に隠された暗闘を史料から解き明かす。
電 P

2224
イギリス　繁栄のあとさき
川北　稔著

今日英国から学ぶべきは、衰退の中身である――。産業革命を支えたカリブ海の砂糖プランテーション。資本主義を担ったジェントルマンの非合理性……。世界システム論を日本に紹介した碩学が解く大英帝国史。
電 P

2235
愛欲のローマ史　変貌する社会の底流
本村凌二著

カエサルは妻に愛をささやいたか？　古代ローマ人の愛と性のかたちを描き、その内なる心性と歴史の深層をとらえる社会史の試み。性愛と家族をめぐる意識の変化は、やがてキリスト教大発展の土壌を築いていく。
電 P

ことば・考える・書く

43
三浦つとむ著（解説・吉本隆明）
日本語はどういう言語か
さまざまな言語理論への根底的な批判を通して生まれた本書は、第一部で言語の一般理論を、第二部で膠着語とよばれる日本語の特徴と構造を明快かつ懇切に論じたものである。日本語を知るための必読の書。

45
沢田允茂《のぶしげ》著（解説・林　四郎）
考え方の論理
日常の生活の中で、ものの考え方やことばの使い方は非常に重要なことである。本書は、これらの正しい方法をわかりやすく説いた論理学の恰好の入門書であり、毎日出版文化賞を受けた名著でもある。

153
澤田昭夫著
論文の書き方
論文を書くためには、ものごとを論理的にとらえて、それを正確に、説得力ある言葉で表現することが必要である。論文が書けずに悩む人々のために、自らの体験を踏まえてその方法を具体的に説いた力作。

397
諸橋轍次《もろはしてつじ》著
中国古典名言事典
人生の指針また座右の書として画期的な事典。漢学の碩学が八年の歳月をかけ、中国の代表的古典から四千八百余の名言を精選し、簡潔でわかりやすい解説を付したもの。一巻本として学術文庫に収録する。

436
藤原　宏・氷田光風編
文字の書き方
毛筆と硬筆による美しい文字の書き方の基本が身につく。用具の選び方や姿勢に始まり、筆づかいから字形まで、日常使用の基本文字についてきめ細かに実例指導をほどこし、自由自在な応用が可能である。

604
澤田昭夫著
論文のレトリック　わかりやすいまとめ方
本書は、論文を書くことはレトリックの問題であるという視点から、構造的な論文構成の戦略論と、でき上がるまでのプロセスをレトリックとして重視しつつ論文の具体的なまとめ方を教示した書き下ろし。

ことば・考える・書く

2183
タブーの漢字学
阿辻哲次著

はばかりながら読む漢字の文化史！「且」は男性、「也」は女性の何を表す？「トイレにいく」が「解手」となるわけ――。豊富な話題をもとに、性、死、名前、トイレなど、漢字とタブーの関係を綴る会心の名篇。

2227
五十音引き中国語辞典
北浦藤郎・蘇　英哲・鄭　正浩編著

親字を日本語で音読みにして、あいうえお順で配列。だから、中国語のピンインがわからなくても引ける！「家」は普通「jiā」で引くが、本書では「か」。初学者に親切な、他に類のないユニークな中国語辞典。2色刷。

2239
雨のことば辞典
倉嶋　厚・原田　稔編著

甘霖、片時雨、狐の嫁入り、風の実……。日本語には雨をあらわすことば、雨にまつわることばが数多くある。季語や二十四節気に関わる雨から地方独特の雨のことばまで、一二〇〇語収録。「四季雨ごよみ」付き。

電P

2277
日本語とはどういう言語か
石川九楊著

漢字、ひらがな、カタカナの三種の文字からなる日本語。書字中心の東アジア漢字文明圏においても構造的に最も文字依存度が高い日本語の特質を、言（はなしことば）と文（かきことば）の総合としてとらえる。

電P

2287
日本人のための英語学習法
松井力也著

英語を理解するためには、英語ネイティブの頭の中にある、英語によって切り取られた世界の成り立ちや、イメージを捉える必要がある。日本語と英語の間にある乖離を乗り越え、特有の文法や表現を平易に解説。

電P

2295
擬音語・擬態語辞典
山口仲美編

「しくしく痛む」と「きりきり痛む」、「うるうる」と「うるっ」はいったいどう違うのか？ 約二千語を集大成した、オノマトペ辞典の決定版。万葉集からコミックまで用例満載。日本語表現力が大幅にアップ！

2320
論語のこころ
加地伸行著

『論語』はこう読み、こう教える！　大人から子どもまで万人に贈る入門書。仁と礼に基づく理想社会とは何か。人間の幸福とは何か。実践的な読み方と、その魅力の伝え方を中国哲学史研究の泰斗が平易に説く。

電

2322
モンテーニュ　よく生き、よく死ぬために
保苅瑞穂著

「もっとも美しい魂とは、もっとも多くの多様さと柔軟さをもった魂である」。モンテーニュは宗教戦争の時代にあって生と死の真実を刻んだ。名文家として知られる仏文学者が、その生涯と『エセー』の神髄を描く。

電P

2327
漱石人生論集
夏目漱石著（解説・出久根達郎）

夏目漱石の屈指の読み手、作家の出久根達郎氏が随筆、評論、講演、書簡から編んだ、今も新鮮な漱石の「生き方のエッセンス」。人生を凝視し、人生の意義を見いだすべく苦闘した文豪の知恵と信念とに満ちた一冊。

電P

2330
夢酔独言
勝　小吉著／勝部真長編

「おれほどの馬鹿な者は世の中にもあんまり有るまい」「馬鹿者のいましめにするがいゝぜ」。坂口安吾も激賞した、勝海舟の父が語る放埒一途の自伝。幕末の江戸の裏社会を描く真率な文体が時を超えて心に迫る！

電P

2361
逸翁自叙伝　阪急創業者・小林一三の回想
小林一三著（解説・鹿島　茂）

電鉄事業に将来を見た男はどんな手を打ったか。沿線の土地買収、郊外宅地の開発分譲、少女歌劇……。誰も考えつかなかった生活様式を生み出した、大正・昭和を代表する希代のアイデア経営者が語る自伝の傑作。

電P

2393
故郷七十年
柳田國男著（解説・佐谷眞木人）

齢八十をこえて新聞社に回顧談を求められた碩学は言った。「それは単なる郷愁や回顧の物語に終るものでないことをお約束しておきたい」。故郷、親族、官途、そして詩文から民俗学へ。近代日本人の自伝の白眉。

電P